U0572547

長沙簡牘博物館
中國文物研究所
北京大學歷史學系
走馬樓簡牘整理組 編著

長沙走馬樓三國吳簡

竹簡〔貳〕

㊤

文物出版社

書名題簽　啓功
攝　　影　劉小放　孫之常
封面設計　張希廣
責任編輯　蔡敏
責任印製　王少華

圖書在版編目(CIP)數據

長沙走馬樓三國吴簡·竹簡.第2卷/長沙簡牘博物館等編. －北京：文物出版社，2007.1
ISBN 978-7-5010-1726-3

Ⅰ.長… Ⅱ.長… Ⅲ.竹簡－匯編－長沙市－三國時代 Ⅳ.K877.5

中國版本圖書館CIP數據核字(2005)第009610號

長沙走馬樓三國吴簡

竹簡〔貳〕（上、中、下）

編著者　長沙簡牘博物館
　　　　中國文物研究所
　　　　北京大學歷史學系　走馬樓簡牘整理組

出版發行者　文物出版社
北京東直門内北小街貳號樓
http://www.wenwu.com
E-mail: web@wenwu.com

印刷者　北京燕泰美術製版印刷有限責任公司
經銷者　新華書店

二〇〇七年一月第一版第一次印刷
定價：二六〇〇圓

787×1092　1/8　印張：128.5
ISBN 978－7－5010－1726－3/K·902

長沙走馬樓三國吴簡保護整理領導小組

組　長　張文彬

副組長　文選德　梅克葆　唐之享

成　員（按姓氏筆劃排序，下同）

田餘慶　吴加安　金則恭　胡繼高　侯菊坤　張　柏　譚仲池

長沙走馬樓三國吴簡總體方案制訂組

顧　問　何兹全　宿　白　田餘慶　胡繼高

組　長　譚仲池

副組長　歐代明　謝建輝　李曉東　孟憲民　謝辟庸　盛永華　易肇沅

成　員　宋少華　宋新潮　何介鈞　趙一東　熊傳薪

辦公室　主　任　何　强

副主任　關　强

長沙走馬樓三國吴簡整理組

組　長　田餘慶

副組長　宋少華　胡平生

成　員　王　素　吴榮曾　李均明　李鄂權　汪力工　周自如　楊　慧

楊小亮　劉紹剛　羅　新

長沙走馬樓三國吴簡保護組

組　長　胡繼高

成　員　李　丹　金　平　胡冬成　張竹青　畢　燦　趙桂芳　蕭　静

蕭静華

一九九七年至一九九八年期間，曾任長沙走馬樓三國吴簡保護整理領導小組的有副組長秦光榮、成員袁漢坤。一九九八年至二〇〇二年期間，曾任長沙走馬樓三國吴簡保護整理領導小組的有副組長陽寶華、成員杜遠明，曾任長沙走馬樓三國吴簡總體方案制訂組的有組長杜遠明、副組長鍾興祥、鄭佳明、楊源明。

本卷編者　胡平生　李均明　劉紹剛

「十五」國家重點圖書出版規劃項目

本書出版得到全國古籍整理出版規劃領導小組資助

目録

上册

前言……一
凡例……一
圖版（一——三八七五）……一

中册

圖版（三八七六——九〇九一）……三五一

下册

釋文……七一五
附録一　竹簡揭剥位置示意圖……九〇三
附録二　索引……九〇七
一　人名索引……九〇九
二　地名索引……九五七
三　紀年索引……九八一

前言

《長沙走馬樓三國吴簡》已經出版兩種，其中《嘉禾吏民田家莂》於一九九九年十月出版，《竹簡〔壹〕》於二〇〇三年十月出版。本書《竹簡〔貳〕》，釋讀編寫工作始於二〇〇三年，歷經三年多的時間，至本月纔最後完成。

走馬樓三國吴簡的保護整理工作，自《長沙走馬樓三國吴簡·嘉禾吏民田家莂》出版以來，發生了很大的變化。首先是走馬樓三國吴簡的保護整理工作受到有關領導的高度重視。二〇〇一年十月，國務院副總理李嵐清同志接見文化部部長孫家正、國家文物局局長張文彬，聽取關於「走馬樓三國吴簡」保護整理工作的彙報，國家文物局侯菊坤、朱曉東及整理組副組長宋少華、胡平生參加接見。李嵐清同志對簡牘保護整理工作給予了很大的關心和支持，提出了很多重要的意見。根據中央領導的意見，在國家文物局的指導下，湖南省自二〇〇三年起用了近兩年的時間完成了湖南出土簡牘（包括走馬樓吴簡與里耶秦簡）保護整理項目總體方案的編製，論證、修改、審查等工作。二〇〇四年四月，國家文物局批准該方案，並列爲國家重點文物科技保護項目，同時下撥大筆經費用於簡牘的保護與整理。其次是長沙簡牘博物館館舍建成並成立了新建制。簡牘博物館從長沙市文物考古研究所接收了「走馬樓三國吴簡」，承擔起走馬樓簡牘的保護與整理項目的責任，新體制啓動運作，舊有的整理組體制遂告廢止。《竹簡〔貳〕》的編撰出版，恰處於新舊體制轉換之時，本卷扉頁舊體制時期各組成員名單，可算作是一種紀念吧！

《嘉禾吏民田家莂》出版後，整理經費告罄，編撰工作一度陷於停頓。我們從二〇〇〇年夏起，不斷地寫報告申請經費，後終於得到國家文物局張文彬局長、張柏副局長、秘書處和計財處的有關同志以及湖南省文物局局長陳遠平同志的支持，在二〇〇一年春節後劃撥了後繼兩卷的經費，整理編撰工作纔重新啓動。

二〇〇一年夏，中國文物研究所胡平生、李均明到長沙，瞭解經費劃撥後《竹簡〔壹〕》拍照的情況，並與長沙市文物考古研究所所長宋少華商議《竹簡〔貳〕》的整理編撰工作安排，進行了調查研究。

二〇〇三年春節後，中國文物研究所李均明、劉紹剛即到長沙開始整理工作。不久，到上海聯係出版《出土文獻研究》（第六輯）事務的胡平生也趕到，投入竹簡釋讀工作。長沙方面協助工作的有汪力工、金平、張竹青、胡冬成、李丹、畢燦、蕭静等。釋讀工作一直做到五月初「非典」開始肆虐時，方告一段落，共寫了七〇八七簡的釋文。

二〇〇三年八月，「非典」警報剛解除，文物出版社蔡敏、孫之常、劉小放等到長沙拍攝《竹簡〔貳〕》的照片。長沙方面在宋少華所長領導下，組織大批力量參加竹簡的脱色、拍照工作。其中，脱色組成員有：汪力工、蕭静華、金平、張竹青、胡冬成、傅星生；照相組成員有：楊慧、周自如、李丹、畢燦、蕭静、談雪慧、何佳等。荆州博物館給予了協助。

二〇〇四年夏，文物出版社完成了《竹簡〔貳〕》的照片擴印工作。本書責編蔡敏經對圖版進行初步估算後認爲，本卷應當容納九千個左右的編號，因此還需要補寫約兩千個號的竹簡釋文。胡平生、李均明、劉紹剛根據圖版補寫了約兩千個號的竹簡釋文，使《竹簡〔貳〕》所收竹簡總數達到九〇九一個號。這些根據圖版撰寫的釋文，凡是圖版上不够清楚的竹簡，是後來再到長沙利用紅外線儀器加以核對的。此時，中國文物研究所辦公樓開始裝修，全所遷往文博大廈辦公。出土文獻與文物研究中心衹分到一間辦公室，十人共一大屋，資料、照片、電腦全部都無法攤開。我們衹得在研究所外的芍藥居北里租賃了一套簡陋的兩室民居，繼續工作。值得慶幸的是，剛從北大畢業的楊小亮加入了走馬樓吴簡整理組。他在很困難的情況下，負責將本卷全部釋文打字稿校訂了一遍。二〇〇四年秋，整理組交出了釋文稿。

二〇〇五年新年後，文物出版社排出了一校樣，已調任長沙簡牘博物館館長的宋少華率汪力工、金平、蔣維、蕭静、王迪等到京。大部分同志就住在芍藥居條件很差的民居裏，開始粘貼圖版，一直工作到春節前。春節假期後，宋少華再次率汪力工、金平、蔣維、蕭静、畢燦等到京，繼續粘貼圖版的工作，至三月中蕆事。

二〇〇五年秋，中國文物研究所辦公樓裝修完畢。這時，文物出版社也將圖版掃描完畢，胡平生、李均明、劉紹剛開始校訂釋文和圖版。在長達一年的時間裏，三個人將釋文和圖版仔細校訂了三遍，希望盡可能地減少釋讀與排版的錯誤。校對工作直到二〇〇六年七月中旬纔全部完成。

本卷附録《竹簡揭剥位置示意圖》，是由宋少華、蕭静華繪製的。他們在原有草圖的基礎上精心加工，於二〇〇六年春完成了這份表示簡册編聯關係的示意圖。

本卷的《索引》，包括人名、地名和紀年索引，都是楊小亮利用電腦編製的。初稿完成後，胡平生、李均明進行了研究討論，提出了意見，建議要將電腦編製與人工調整結合起來。楊小亮歸納討論意見，再加修改完善，三易其稿，終得完成。

本書編撰過程中，得到國家文物局、中國文物研究所、湖南省文物局、長沙市文化局、長沙市文物考古研究所領導和許多關心我們工作的同志們的大力支持，謹此致以謝忱。文物出版社領導、負責拍攝竹簡照片的孫之常、劉小放和本書責編蔡敏爲本書的編撰出版，做了大量的工作，我們向他們表示衷心的感謝！限於我們的學識，本書還存在不少缺點、錯誤，敬請廣大讀者批評指正。

編　者

二〇〇六年七月十四日

凡　例

一　本書包括圖版、釋文、注釋和附録。爲整理與閲讀、引用的方便，《長沙走馬樓三國吴簡》各卷所收簡牘分別編號。《嘉禾吏民田家莂》爲大木簡，編爲二一四一號。以下各卷爲竹簡，《竹簡〔壹〕》，編爲一〇五四五號；《竹簡〔貳〕》，編爲九〇九一號。竹簡的整理編號與清洗保護時的原始編號不同，本卷的原始編號自一〇五四六至一九六三六。如需由本卷某簡之整理編號推求其原始編號，衹要將該簡之整理編號加上一〇五四五，其數即爲該簡之原始編號，可以在庫房中調閲該簡。

二　本書所收一至七〇八七號簡的釋文，是編者在長沙使用紅外綫儀器閲讀原簡寫出的，而後利用拍攝的原大照片在北京進行校訂七〇八八至九〇九一號簡的釋文，則是先在北京根據拍攝的照片寫出，再到長沙利用紅外綫儀器核對原簡。竹簡保存情況不好，許多簡文字蹟模糊，難以辨識。有些簡文在紅外綫儀器下能够看清，而在圖版上却反映不出來。個別竹簡後來有些變化，造成圖版與釋文不能完全吻合。凡此類圖版與釋文不能完全對應的情形，通常應以釋文爲準。

三　簡文書寫時有一些符號，釋文根據不同情形加以處理。例如：券書性質的簡都有合同符號，寫作半個「同」或「同文」形，或作各種變異，爲便於排印，釋文統一以「⿱三乂」形符號表示。一些竹簡簡文前後有一個或多個墨色的點記，形態大小圓橢各異。整理時，簡文之前的墨點，統一以「•」形符號表示，緊置於釋文前；簡文之後的墨點，統一以「▼」形符號表示，空兩個字的位置置於釋文下。此種墨點，易與簡面污漬及書寫簡文時濺落之墨汁相混，有時會因出土時的磨損或出土後的清洗而消褪，現僅據整理所見情形迻録，不作推定，前後墨點迻寫時一般衹標示一個。

四　簡文因性質與内容不同，各有不同的書寫格式，一簡有一行多行之別，文字有或大或小之異，今簡册殘破，編繩爛斷，不能復原，釋文在盡量顧及原有格式的情況下稍令整飭規範。原簡文字頂格書寫或轉行頂格者，釋文亦頂格。原簡文字不頂格，不論上端原來空多少個字的位置，釋文統一空兩個字的位置。簡文前有「•」形的圓點符號或類似符號，並不頂格書寫者，釋文統一空兩個字的位置從圓點符號起排出。竹簡上段有殘斷但簡面所見文字未殘闕者，釋文於殘斷符號下統一空兩個字的位置；竹簡下段有殘斷但簡面所見文字未殘闕者，釋文統一空兩個字的位置後標注殘斷符號。原簡文字所記事項之間留有空位（如名簿類的竹簡，一人與另一人之間），釋文也統一空兩個字的位置。因書寫簡文時迴避編繩或竹節所造成的空位，以及有意無意留下的間距，釋文都連寫。

五　簡文使用的假借字，凡能够判明所假之字的，釋文在假借字下用圓括號「（　）」標注出所假之字。如簡文姓氏之「盧」，釋文寫作「盧（盧）」；「踵」，釋文寫作「踵（腫）」；「雀」，釋文寫作「雀（截）」等。簡文使用的俗體字、異體字、別體字，釋文一般改用通行字寫出，如簡文之「褋」，釋文寫爲「雜」；「臯」、「皐」、「罕」、「卑」，寫爲「皁」；「郅」，寫爲「邸」；「刑」，寫爲「荆」；「舩」，寫爲「船」；「㝵」，寫爲「曼」；「烏」，寫爲「鳥」；「隹」，寫爲「雀」；「㚔」、「𡴘」，寫爲「幸」；「得」，寫爲「得」；「凢」、「処」、「虒」，寫爲「處」；「郭」、「郭」寫爲「郭」；「稟」，寫爲「稟」；「閑」、「閑」，寫爲「關」；「栂」，寫爲「梅」，等等。簡文俗體字中與今所通用之簡體字基本相合的，有的或稍有差異，釋文皆用通行之簡體字，如「盖」、「礼」、「断」，等等。但是，有一些寫法與正字相差較大、構形較特別的字，釋文保存原形而在該字下用圓括號標注正字。如「㐅」字，編者認爲是「瓜」字別體，釋文保留了「㐅」形，於其下標示正字「（瓜）」。編者在整理編撰《長沙走馬樓三國吴簡·嘉禾吏民田家莂》時有些不能確認的俗體字、異體字，在後來的整理工作中根據新出現的文例已經能够確認，則徑直寫出釋文。如「㴈」徑釋爲「溲」；「㛐」徑釋爲「嫂」等。尚不能確認的俗體字、異體字或因書寫不清難以釋寫的字，仍照原形摹録，有的在注釋中寫出了初步的釋讀意見。

六　竹簡釋文使用簡牘整理中通用的符號。如：簡牘殘斷處，釋文以☑號表示；簡文原本殘泐不清，據殘筆與文例補出的字，釋文外加□號表示；不能辨認和補出的字，釋文用□號表示，一字一□號；殘缺較多，不能確定字數者，釋文用……號表示；有疑問的釋文，後面加（？）號表示；簡文上下左右半殘之字，寫出不殘的部分，而將殘缺部分用長方框形「⊓」、「⊔」等標示。

七　簡文書寫中明顯的錯訛脱衍，在注釋中指出。注釋還爲一些冷僻疑難的字標注了音義，供讀者參考，也作爲編製人名、地名索引排序的依據。其他釋讀時需要説明的問題，如紅色筆蹟、紀年曆朔等，也在注釋中加以交代。

八　本書附録有地名、人名及紀年索引，索引編製各有凡例，兹不贅述。

圖版

（一——三八七五）

一 二 三 四 五 六 七 八 九

一〇

一一

一二

一三

一四

一五

一六

一七

一八

一九　二〇

二一

二二

二三

二四

二五　二六

二七　二八

二九 三〇 三一 三二 三三 三四 三五 三六

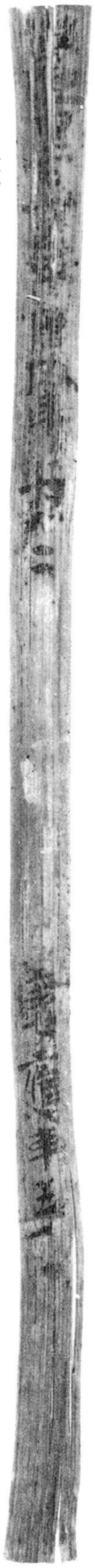
三七

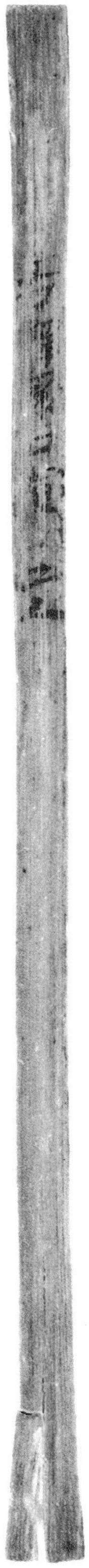
三八

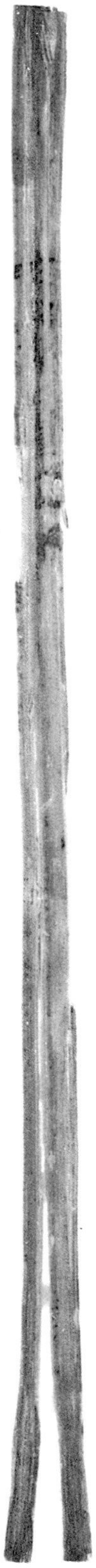
三九

四〇

四一

四二

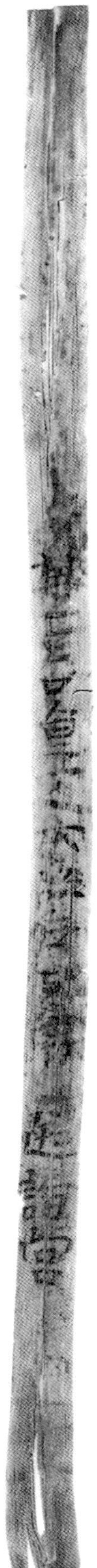
四三

四四

四五　四六　四七　四八　四九　五〇　五一　五二

五三

五四

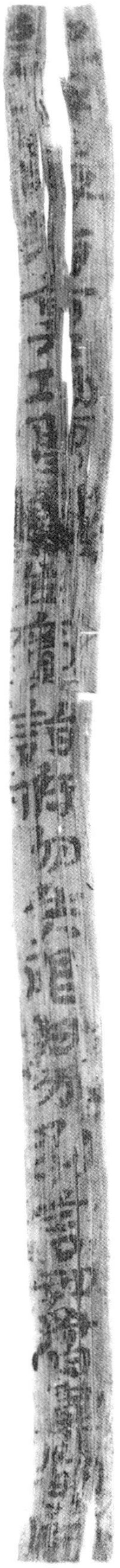

五五

五六　五七

五八

五九

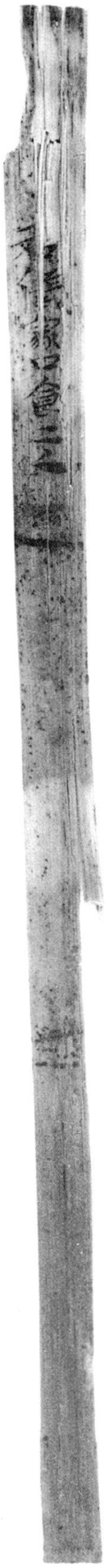

六〇

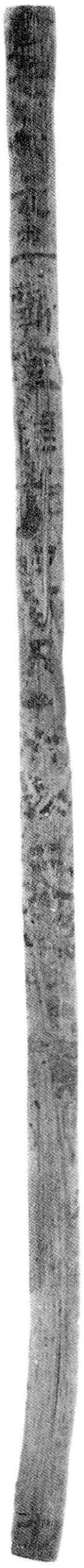

六一

六二 六三 六四 六五 六六 六七 六八 六九

七七
七六
七五
七四
七三
七二
七一
七〇

七八
七九
八〇
八一
八二
八三
八四
八五

八六

八七

八八　八九

九〇　九一

九二

九三　九四

九六

九五　九七

九八 九九 一〇〇 一〇一 一〇二 一〇三 一〇四 一〇五

一〇六

一〇七

一〇八　一〇九

一一〇　一一一

一一二　一一四

一一三　一一五

一一六　一一七

一一八

一一九

一二〇

一二一

一二二

一二三

一二四

一二五

一二六

一二七 一二八 一二九 一三〇 一三一 一三二 一三三 一三四 一三五 一三六

一三七

一三八

一三九

一四〇

一四一

一四二

一四三

一四四

一四五

一四六

一四七

一四八

一四九

一五〇　一五一

一五二

一五三

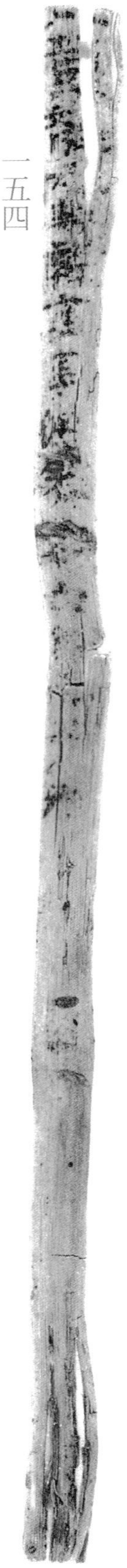
一五四

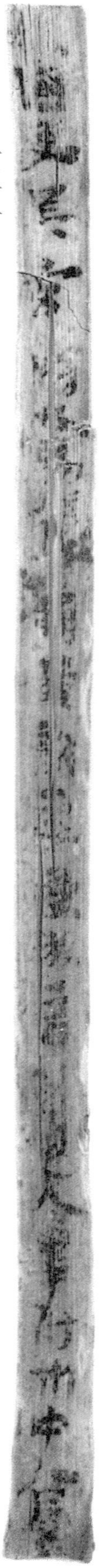
一五五

一五六

一五七

一五八

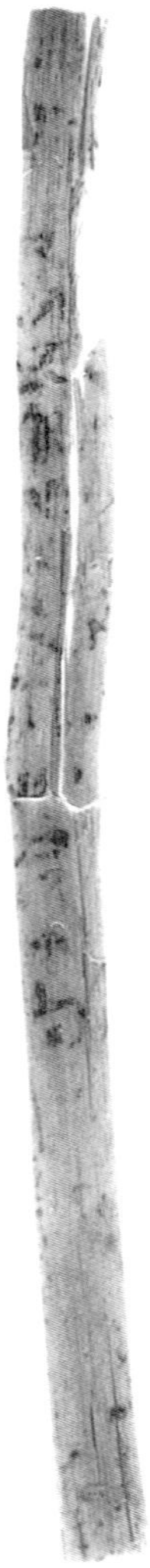
一五九

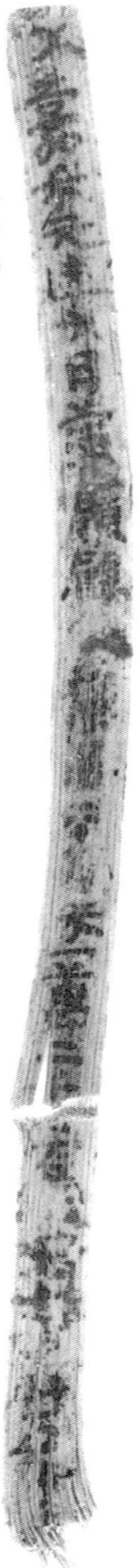
一六〇

一六一

一六二 一六三 一六四 一六五 一六六 一六七 一六八 一六九

一七〇

一七一

一七二

一七三

一七四

一七五

一七六

一七七

一七八 一七九 一八〇 一八一 一八二 一八三 一八四 一八五

一八六 一八七 一八八 一八九 一九〇 一九一 一九二 一九三

一九四　一九五　一九六　一九七　一九八　一九九　二〇〇　二〇一　二〇二　二〇三

二〇四　二〇五

二〇六　二〇七

二〇八　二〇九

二一〇

二一一　二一二

二一三　二一四

二一五　二一六

二一七

二一八　二一九

二二〇　二二二

二二一

二二三　二二六

二二四　二二八

二二五

二二七

二二九　二三〇

二三一　二三四

二三三

二三二

二三五

二三六

二三七

二三八

二三九

二四〇 二四一 二四二 二四三 二四四 二四五 二四六 二四七

二四八

二四九

二五〇

二五一

二五二

二五三

二五四

二五五

二五六

二五七

二五八

二五九

二六〇

二六一

二六二

二六三

二六四

二六五

二六六

二六七

二六八

二六九

二七〇

二七一　二七二　二七三　二七四　二七五　二七六　二七七　二七八

二七九

二八〇

二八一

二八二

二八三

二八四　二八五

二八六

二八七

二八八

二八九　二九〇

二九一

二九二

二九三

二九四

二九六　二九五

二九七

二九八　二九九

三〇〇　三〇五

三〇一　三〇七

三〇二

三〇三

三〇四

三〇六

三〇八

三〇九　三一〇

三一一　三一四

三一二　三一三

三一六　三一五

三一七

三一八

三一九　三二〇

三二一

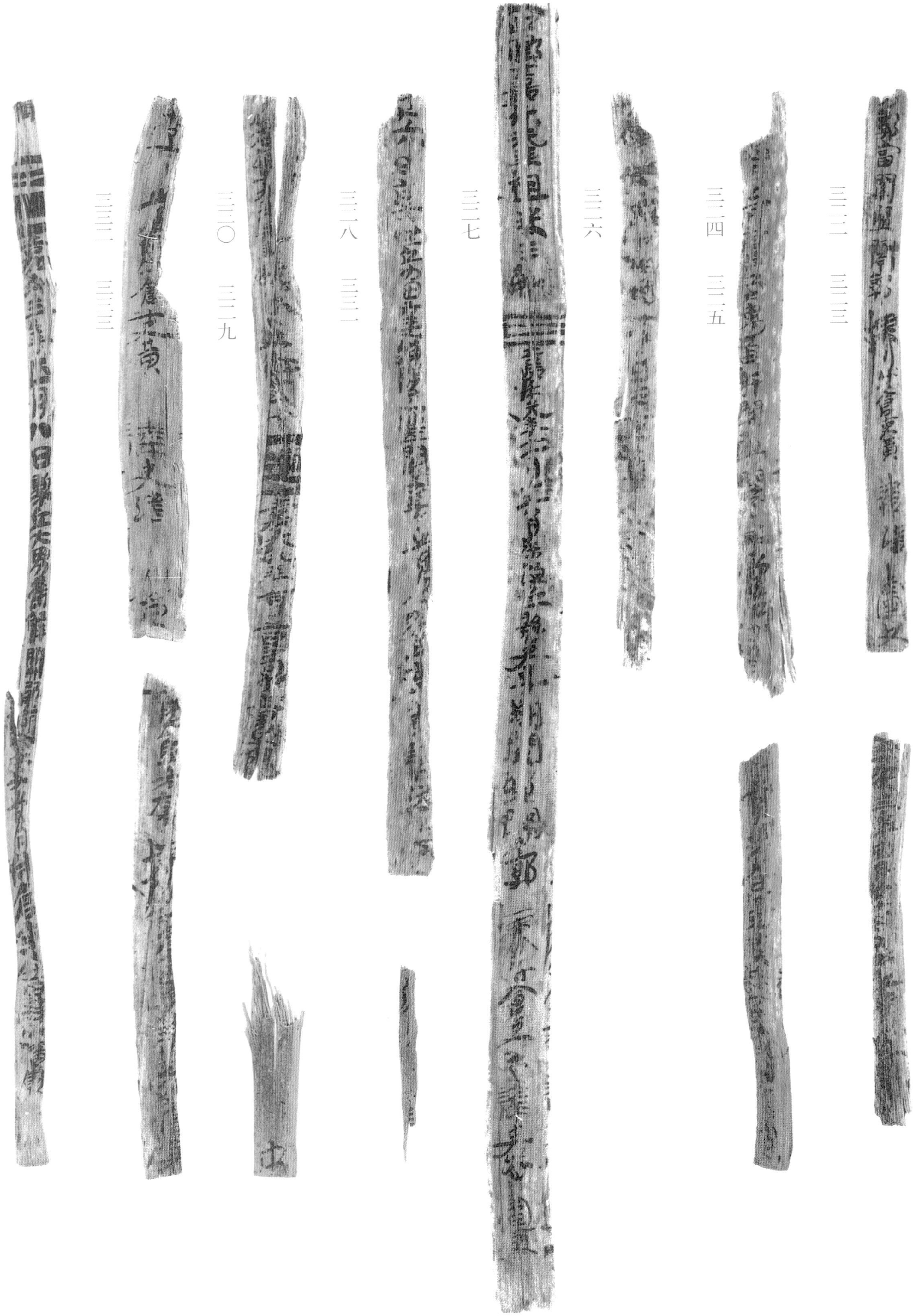

三二二　三二三

三二四　三二五

三二六

三二七

三二八　三三一

三三〇　三二九

三三二　三三三

三三四

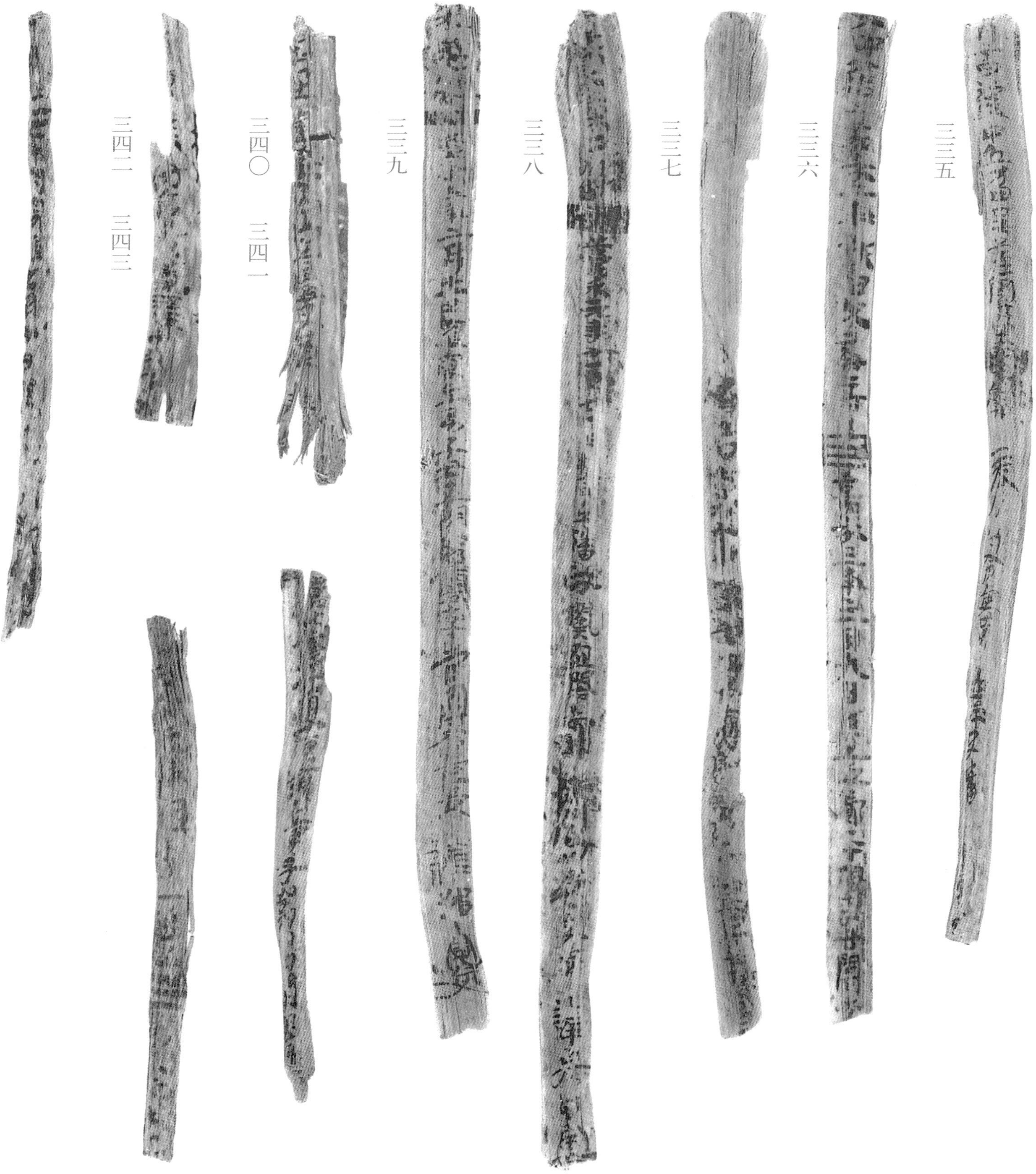

三三五

三三六

三三七

三三八

三三九

三四〇　三四一

三四二　三四三

三四四

三四五　三五六

三四六　三四七

三四八　三四九

三五〇　三五四

三五一

三五二

三五三　三五七

三五五　三五八

三五九 三六〇 三六一 三六二 三六三 三六四 三六五 三六六

三六七 三六八 三六九 三七〇 三七一 三七二 三七三 三七四

三七五

三七六

三七七

三七八

三七九

三八〇

三八一

三八二

三八三

三八四

三八五

三八六

三八七　三八八　三八九

三九〇　三九一　三九二

三九三　三九四　三九五

三九六　三九七　三九八

三九九　四〇〇　四〇一

四〇二　四〇三　四〇四

四〇五　四〇六　四〇七　四〇八

四〇九　四一〇　四一一

四一二　四一三　四一四

四一五

四一六

四一七

四一八 四一九 四二〇 四二一 四二二 四二三 四二四 四二五

四二六

四二七

四二八

四二九

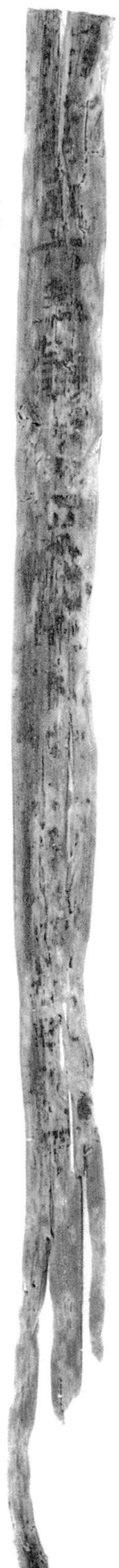
四三〇

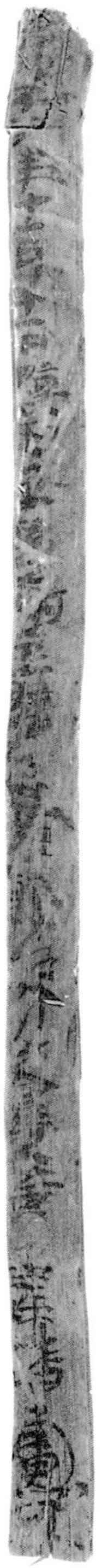
四三一

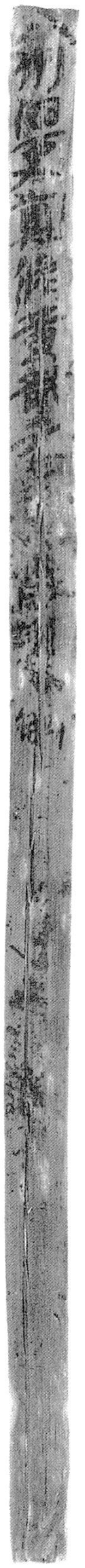
四三二

四三三

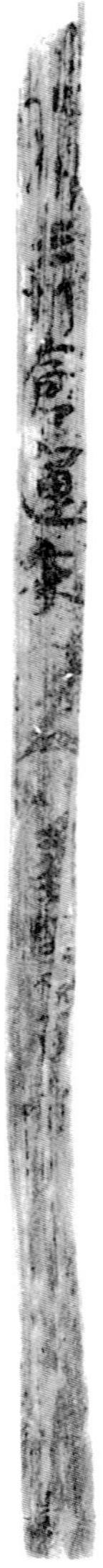
四三四

四三五

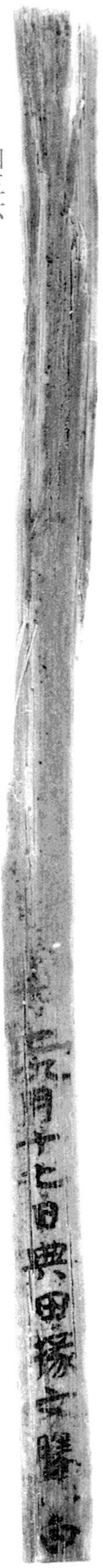
四三六

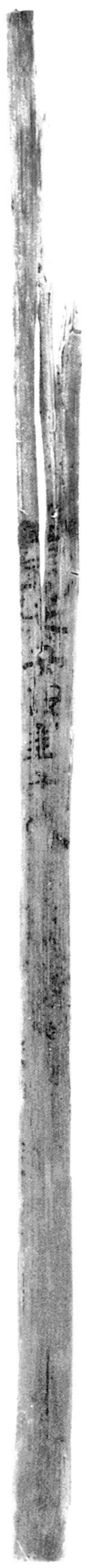
四三七

四三八

四三九

四四〇

四四一

四四二

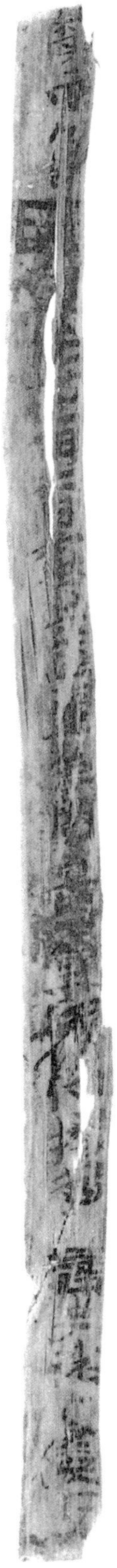

四四三

四四四

四四五

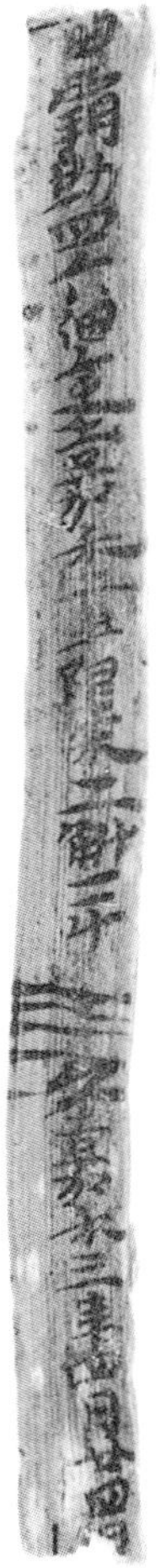

四四六

四四七

四四八

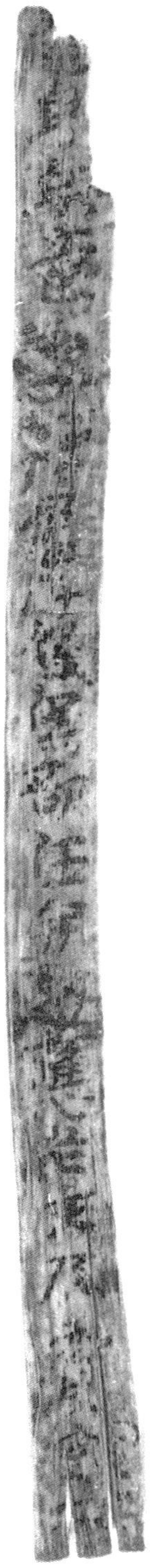

四四九

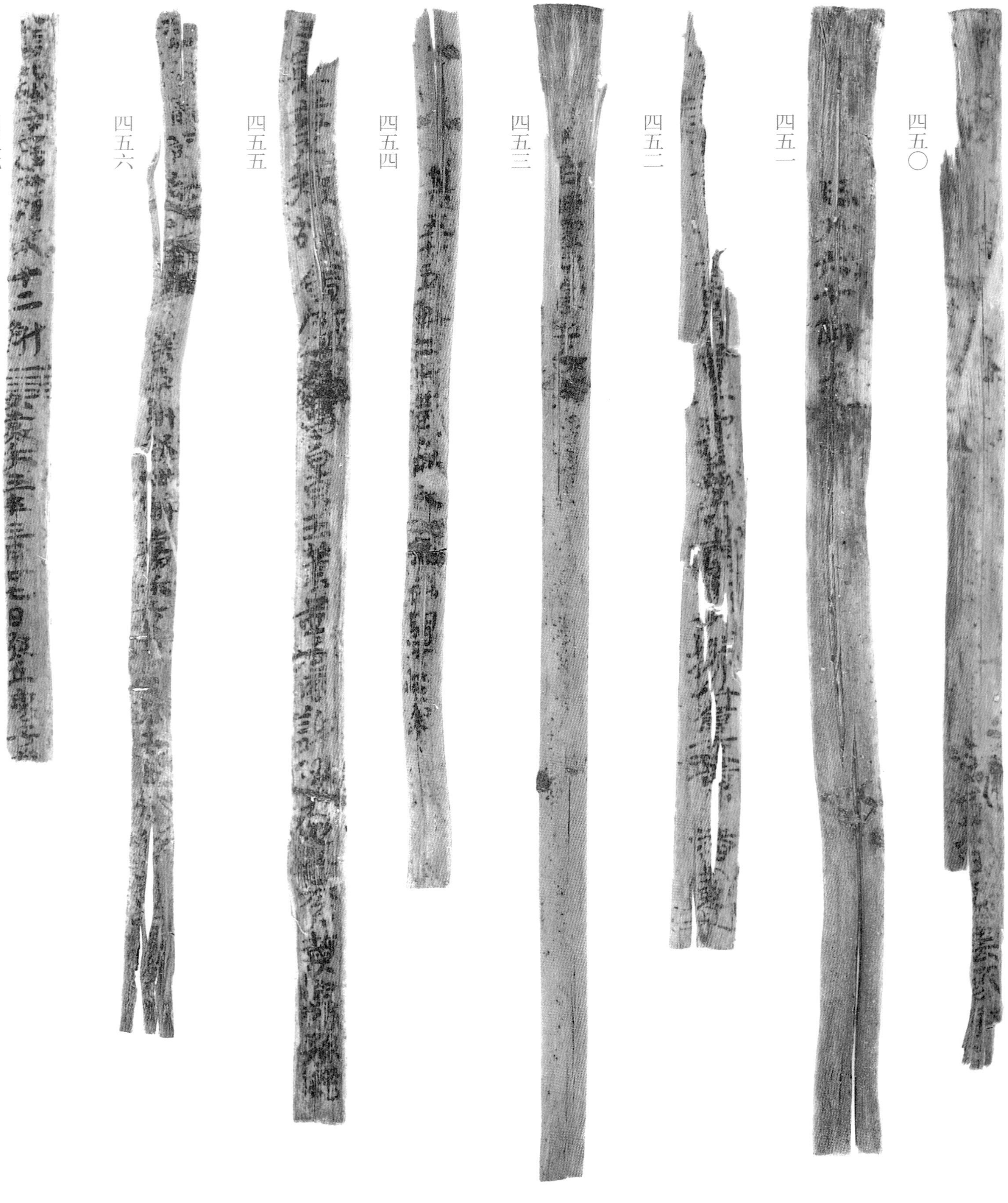

四五〇　四五一　四五二　四五三　四五四　四五五　四五六　四五七

四五八

四五九

四六〇

四六一

四六二

四六三

四六四

四六五

四六六 四六七 四六八 四六九 四七〇 四七一 四七二 四七三 四七四

四七五

四七六

四七七　四八一

四七八

四七九

四八〇

四八二

四八三

四八四　四八五　四八六　四八七　四八八　四九〇　四八九　四九一　四九二

四九三

四九四

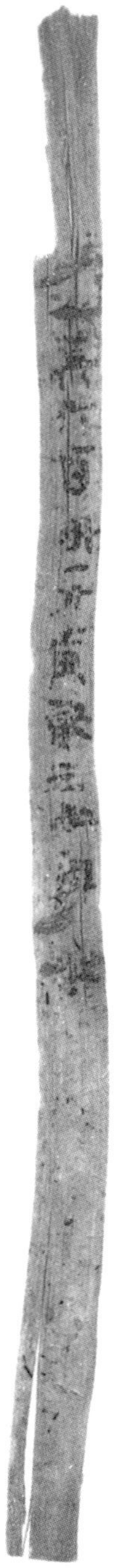

四九五

四九六

四九七

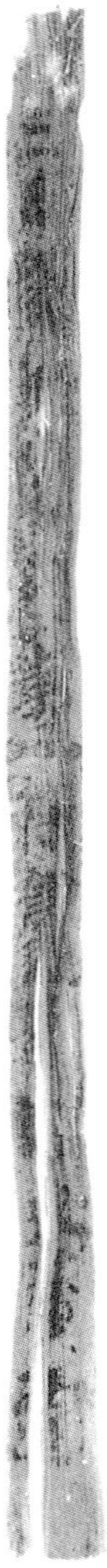

四九八

四九九

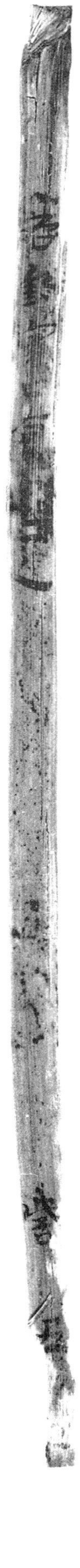

五〇〇

五〇一
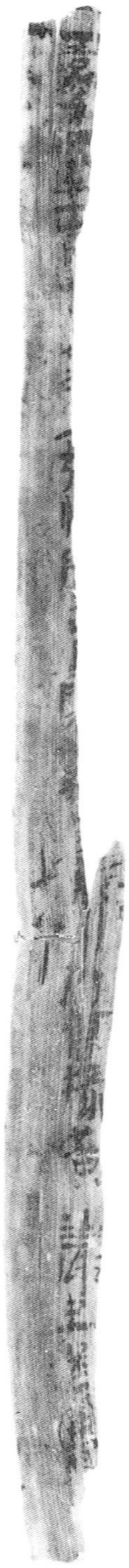

五〇二
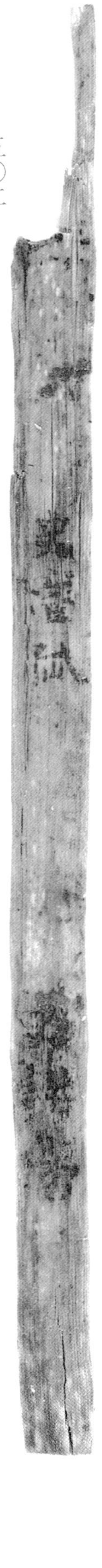

五〇三

五〇四
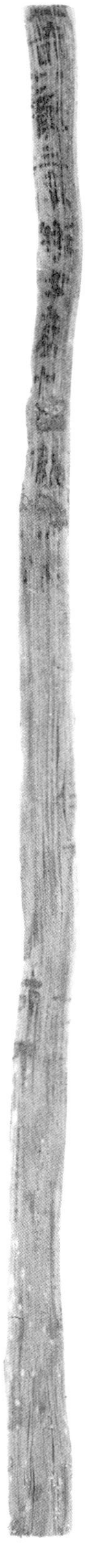

五〇五
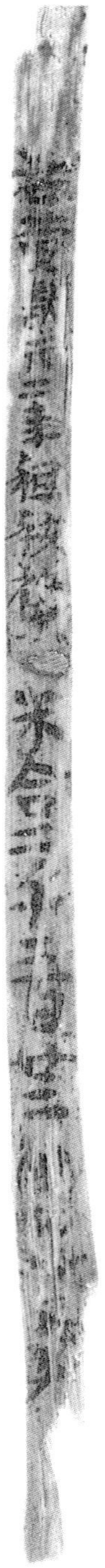

五〇六

五〇七
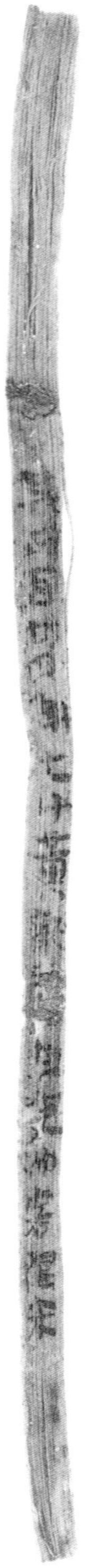

五〇八
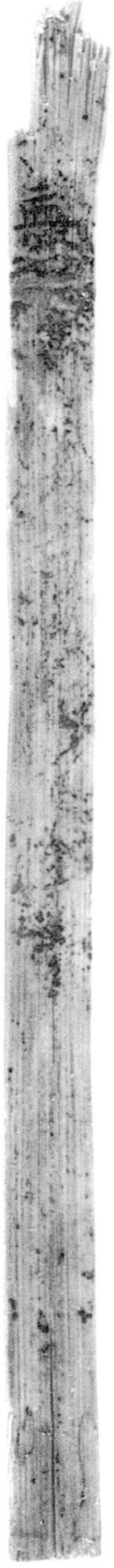

五〇九　五一〇

五一一　五一二

五一三　五一四　五一五

五一六　五一七

五一八

五一九

五二〇

五二一

五二二
五二三
五二四
五二五
五二六
五二七
五二八
五二九

五三〇

五三一

五三二

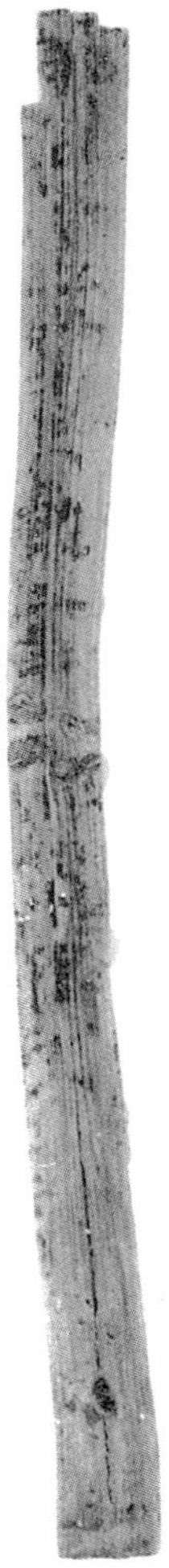
五三三

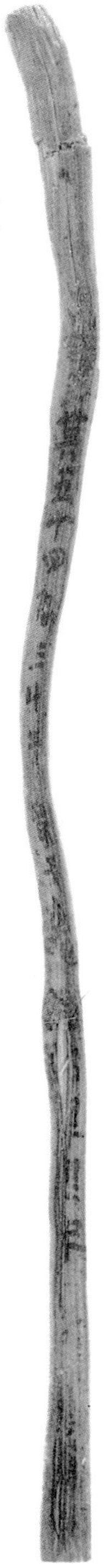
五三四

五三五

五三六

五三七

五三八　五三九

五四〇　五四二

五四一

五四三

五四四　五四五

五四六

五四七

五四八

五四九　五五〇　五五一　五五二　五五三　五五四　五五五　五五六

五五七

五五八

五五九

五六〇

五六一

五六二

五六三

五六四

五六五

五六六

五六七

五六八

五六九

五七〇

五七一

五七二

五七三 五七四 五七五 五七六 五七七 五七八 五七九 五八〇

五八一

五八二

五八三

五八四

五八五

五八六

五八七

五八八

五八九

五九〇

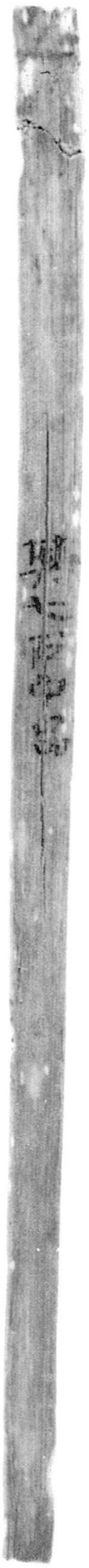

五九一

五九二

五九三

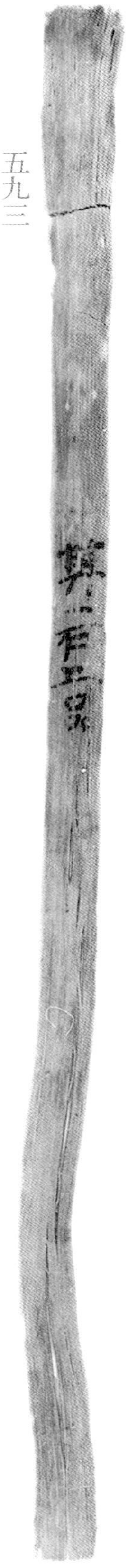

五九四

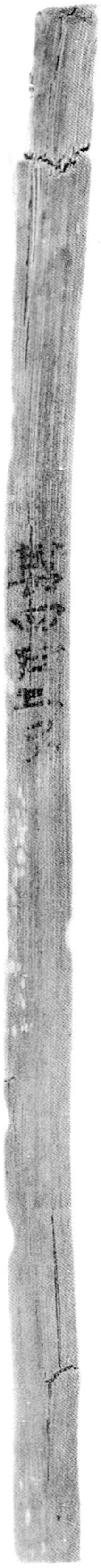

五九五

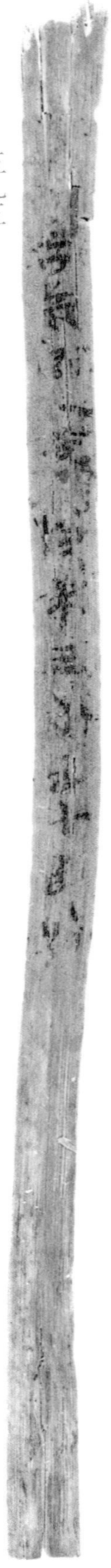

五九六

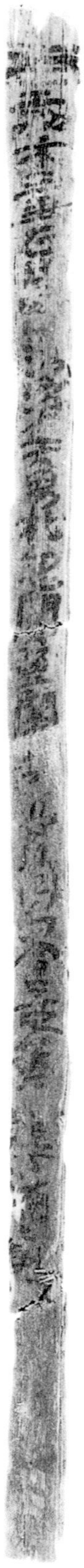

五九七

五九八

五九九

六〇〇

六〇一

六〇二

六〇三

六〇四

六〇五 六〇六 六〇七 六〇八 六〇九 六一〇 六一一 六一二

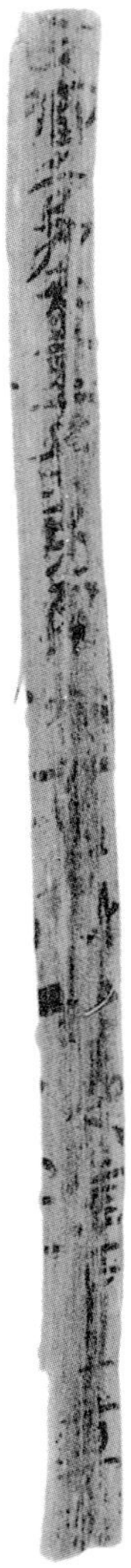
六一三

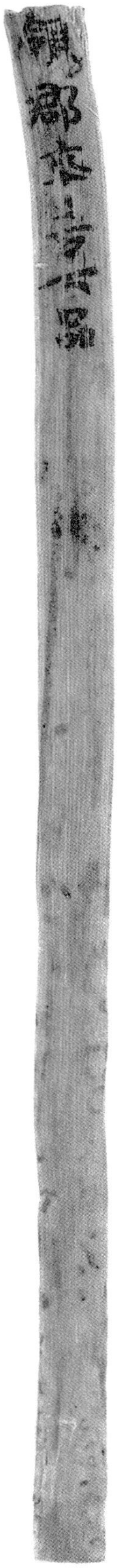
六一四

六一五

六一六

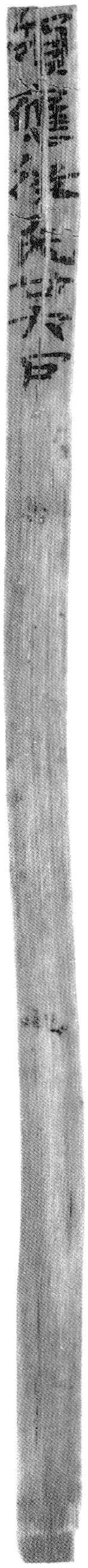
六一七

六一八

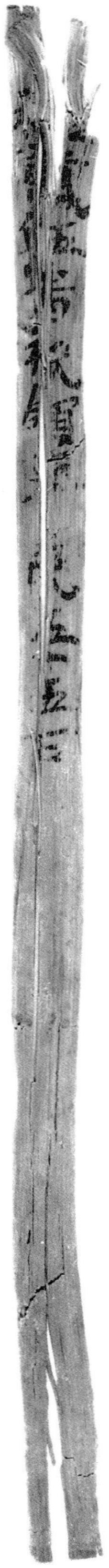
六一九

六二〇

六二一
六二二
六二三
六二四
六二五
六二六
六二七
六二八

六二九

六三〇

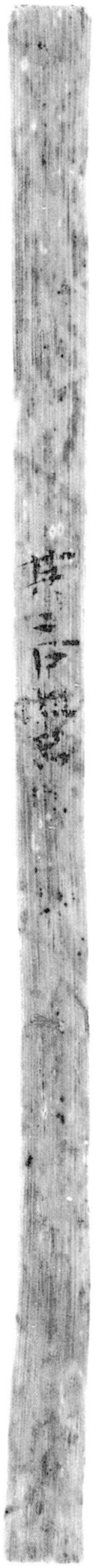
六三一

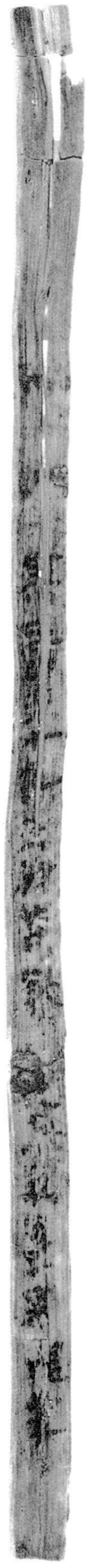
六三二

六三三

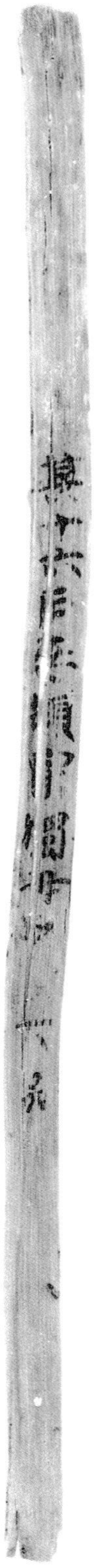
六三四

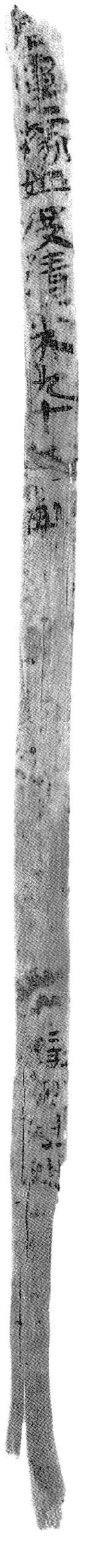
六三五

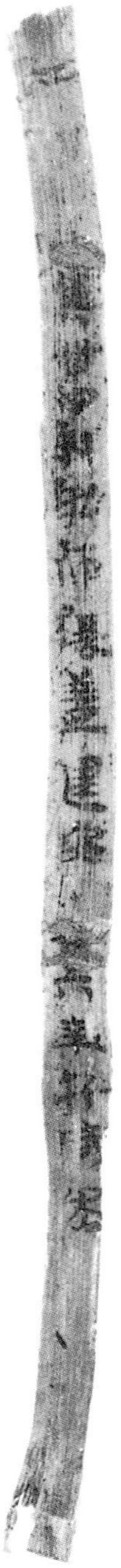
六三六

六三七

六三八

六三九

六四〇

六四一

六四二

六四三

六四四

六四五　六四六

六四七　六四八

六四九

六五〇　六五一

六五二

六五三

六五四

六五五

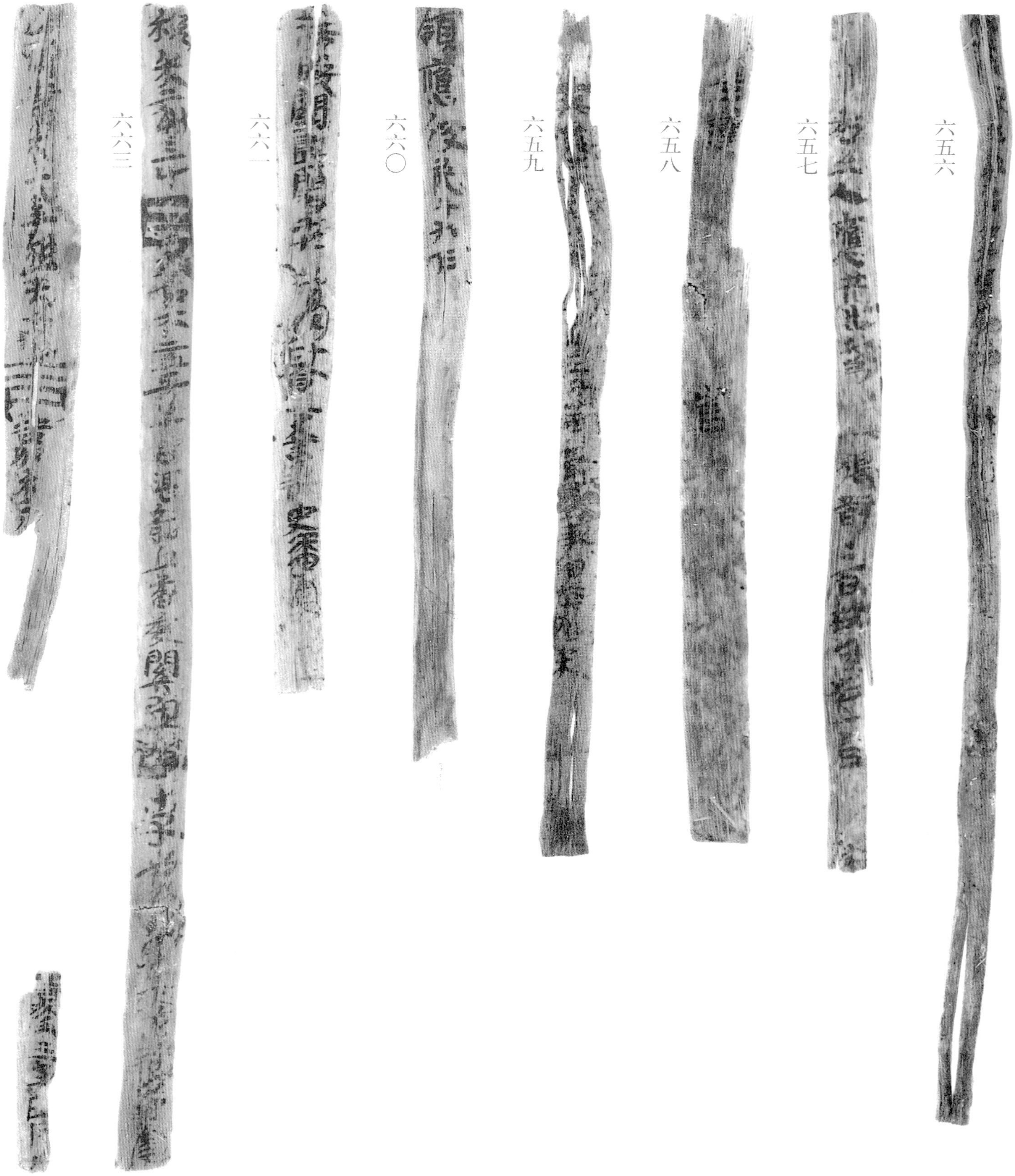

六五六

六五七

六五八

六五九

六六〇

六六一

六六三

六六二　六六四

六六五　六六六　六六七　六六八　六六九　六七〇　六七一　六七二　六七三　六七四

六七五　六八三
六七六　六八四
六七七
六七八
六七九
六八〇
六八一　六八五
六八二　六八六

六八七 六八八 六八九 六九〇 六九一 六九二 六九三 六九四

六九五 六九六 六九七 六九八 六九九 七〇〇 七〇一 七〇二

七〇三 七〇四 七〇五 七〇六 七〇七 七〇八 七〇九 七一〇

七一一　七一三

七一二

七一四　七一五

七一六

七一七

七一八

七二〇

七一九　七二一

七二二
七二三
七二四
七二五
七二六
七二七　七二八
七二九　七三〇
七三一　七三二

七三三　七三七

七三四　七三八

七三五　七三九

七三六　七四二

七四〇

七四一　七四三

七四五

七四四　七四六

七四七　七四九

七四八　七五〇

七五一　七五五

七五二

七五三

七五四

七五六　七五七

七五八　七五九

七六〇　七六一

七六二　七六三

七六四　七六五

七六六　七七四

七六七　七六九

七六八　七七二

七七〇　七七一

七七三　七七五

七七六 七七七 七七八 七七九 七八〇 七八一 七八三 七八二 七八四

七八五　七八七　七八六　七八八

七八九

七九〇

七九一　七九二

七九三

七九四

七九五

七九六

七九七 七九八 七九九 八〇〇 八〇一 八〇二 八〇三 八〇四

八〇五

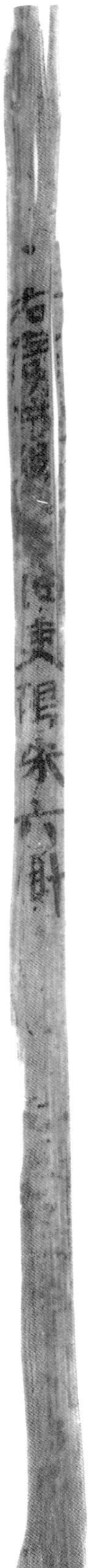
八〇六

八〇七

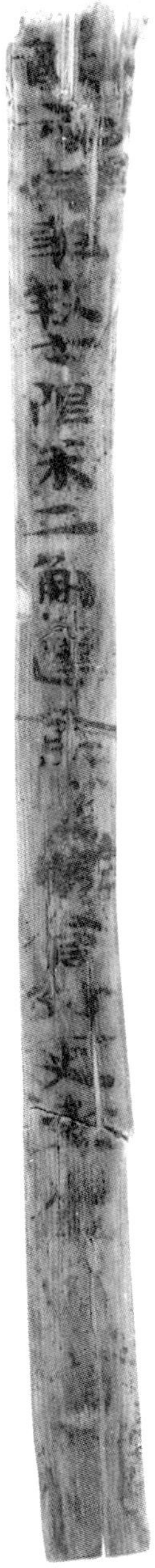
八〇八

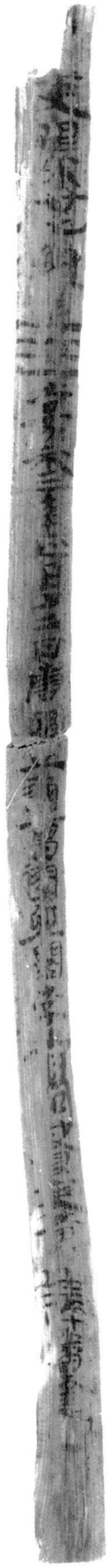
八〇九

八一〇

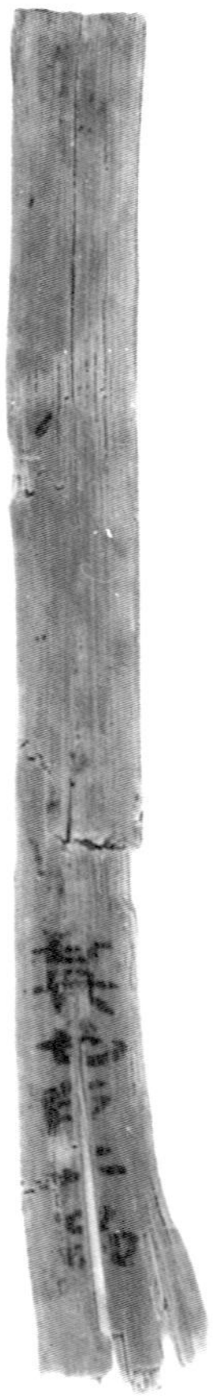
八一一

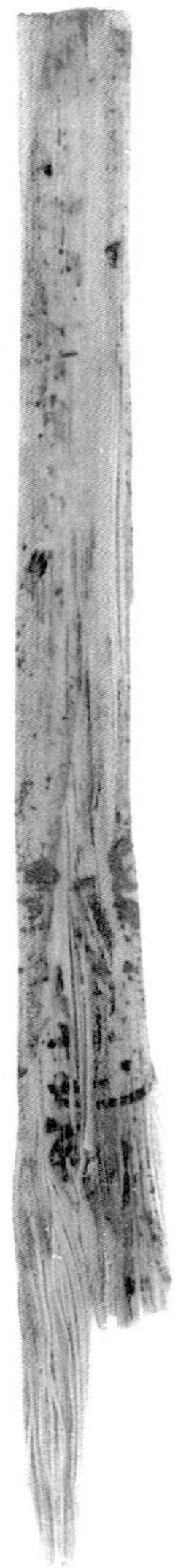
八一二

八一三

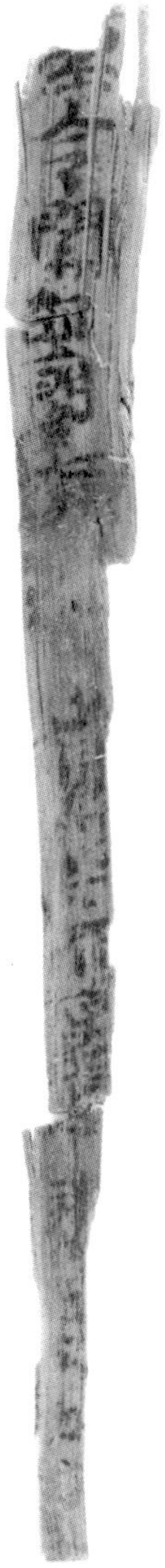
八一四

八一五

八一六

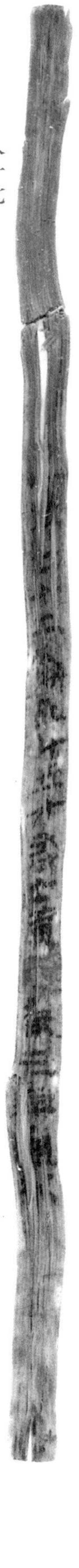
八一七

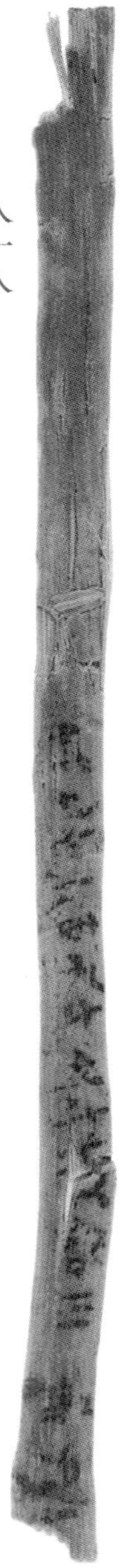
八一八

八一九

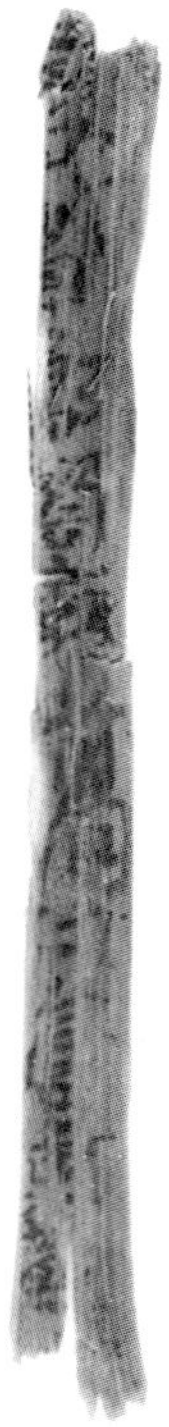

八二〇　八二一

八二二

八二三

八二四　八二五

八二六　八二七

八二八

八二九

八三〇

八三一

八三二 八三三 八三四 八三五 八三六 八三七 八三八 八三九

八四〇　八四三

八四一

八四二

八四五

八四六

八四七

八四八

八四四　八四九

八五〇　八五七

八五一　八五二

八五四

八五五

八五六　八五八

八五九

八六〇

八五三　八六一

八六二　八六四
八六三　八六五
八六六　八七〇
八六七　八七二
八六八　八七三
八六九　八七四
八七一　八七六
八七五　八七七

八七八

八七九

八八〇　八八一

八八二　八八九

八八三　八八七

八八四　八八五

八八八　八八六

八九〇

八九一

八九二

八九三

八九四

八九五

八九六

八九八

八九七

八九九

九〇〇

九〇一

九〇二

九〇三

九〇四

九〇五

九〇六　九〇七

九〇八

九〇九　九一八

九一〇　九一一

九一二　九一三　九二五

九一四　九一五　九一九

九一六　九一七

九二一　九二四

九二〇　九二二

九二三　九二六

九二七　九二八　九二九

九三〇　九三一　九三二

九三三　九三四

九三五　九三六　九三七

九三八　九三九　九四〇

九四一　九四二　九四三

九四四　九四六　九四七

九四五　九四八　九四九

九五〇　九五一　九五二

九五三　九五四　九五五　九五七

九五六　九五八　九五九　九六〇

九六一　九六二　九六三　九六四　九六五

九六六　九六七　九六八　九六九　九七一

九七〇　九七二　九七三　九七四　九七五

九七六　九七七

九七八　九七九

九八〇　九八三

九八一

九八二

九八四

九八五　九八七

九八六　九九〇

九八八

九八九　九九一

九九二　九九五

九九三　九九六

九九四　九九七

九九八　一〇〇〇

九九九

一〇〇一

一〇〇二　一〇〇四

一〇〇三　一〇〇五

一〇〇六

一〇〇七

一〇〇八

一〇〇九

一〇一〇　一〇一一

一〇一二　一〇一四

一〇一三

一〇一五

一〇一六　一〇一七

一〇一八　一〇二〇

一〇一九　一〇二一

一〇二二　一〇二六

一〇二四　一〇二五　一〇二八

一〇二三　一〇二七

一〇二九　一〇三〇

一〇三一　一〇三二　一〇三三

一〇三四　一〇三五　一〇四四

一〇三六　一〇三七

一〇三八　一〇三九

一〇四〇　一〇四一

一〇四二　一〇四三

一〇四五　一〇四六　一〇四七

一〇四八　一〇四九　一〇五〇

一〇五一　一〇五二　一〇五三

一〇五四 一〇五五 一〇五八

一〇五六 一〇五七 一〇五九

一〇六〇 一〇六一 一〇六二 一〇六三

一〇六四 一〇六五 一〇六六

一〇六七 一〇六八 一〇六九 一〇七〇

一〇七一 一〇七二

一〇七三

一〇七四

一〇七五 一〇七六 一〇七七 一〇七九 一〇七八 一〇八〇 一〇八一 一〇八二 一〇八三

一〇八四

一〇八五

一〇八六

一〇八七

一〇八八

一〇八九

一〇九〇

一〇九一

一〇九二

一〇九三

一〇九四

一〇九五

一〇九六

一〇九七　一〇九八

一〇九九

一一〇〇

一一〇一

一一〇二

一一〇三

一一〇四

一一〇五

一一〇六

一一〇七

一一〇八

一一〇九

一一一〇

一一一一

一一一二　一一一四

一一一三

一一一六　一一一五

一一一七

一一一八

一一一九

一一二〇

一一二一

一一二二

一一二三

一一二四

一一二五

一一二六

一一二七　一一二八　一一二九　一一三〇　一一三一　一一三二　一一三三　一一三四　一一三五

一一三六　一一三七

一一三八　一一三九

一一四〇　一一四一

一一四二　一一四三　一一四四

一一四五　一一四六　一一四七

一一四八　一一四九

一一五〇

一一五一

一一五二　一一五五
一一五三　一一五四　一一五六
一一五七　一一五八　一一五九
一一六〇　一一六一　一一六二　一一六四
一一六三　一一六五　一一六六
一一六七
一一六八
一一六九

一一七〇 一一七二

一一七一 一一七四 一一七五

一一七三 一一七六 一一八三

一一七七 一一七八 一一七九

一一八〇 一一八五

一一八一 一一八六

一一八二 一一八四 一一八七

一一八八 一一八九 一一九〇

一一九一 一一九二 一一九三 一一九六
一一九四 一一九五 一一九七
一一九八 一一九九 一二〇〇 一二〇一
一二〇二 一二〇三 一二〇四
一二〇五 一二〇六 一二〇七 一二一一
一二〇八 一二〇九 一二一〇 一二一四
一二一二 一二一三 一二一五
一二一六 一二一七 一二一八 一二一九

一二二〇 一二二一 一二二二

一二二三 一二二四 一二二五

一二二六 一二二七 一二二八

一二二九 一二三〇 一二三一

一二三二 一二三三 一二三四

一二三五 一二三六 一二三七 一二三八

一二三九 一二四〇 一二四一

一二四二 一二四三 一二四四 一二四五

一二四六 一二四七 一二四八
一二四九 一二五〇 一二五一
一二五二 一二五三 一二五四
一二五五 一二五六 一二五七 一二五八 一二五九
一二六〇 一二六一 一二六二 一二六三
一二六四 一二六五 一二六六 一二六七 一二六八
一二六九 一二七〇 一二七一 一二七二 一二七三
一二七四 一二七五 一二七六 一二七七

一二七八　一二七九　一二八〇　一二八一　一二八五

一二八二　一二八四

一二八三　一二九〇

一二八六　一二八七　一二九一　一二九四

一二八八　一二九二　一三〇〇

一二八九　一二九六

一二九三　一二九五　一二九七

一二九八　一二九九　一三〇一

一三〇二　一三〇三　一三〇四　一三〇五　一三〇七

一三〇六　一三〇八　一三〇九　一三一二

一三一〇　一三一一　一三一三　一三一四

一三一五　一三一六　一三一七　一三一八　一三一九

一三二〇　一三二一　一三二二

一三二三　一三二四　一三二五　一三二六

一三二七　一三二八　一三二九　一三三〇

一三三一　一三三二　一三三三　一三三四

一三三五 一三三六 一三三七 一三三八 一三三九

一三四〇 一三四一 一三四二 一三四三

一三四四 一三四五 一三四六 一三四七 一三四八 一三四九

一三五〇 一三五一 一三五二

一三五三 一三五四

一三五五 一三五六

一三五七

一三五八 一三五九

一三六〇　一三六一　一三六三　一三六七

一三六二

一三六四

一三六五

一三六六　一三六八　一三六九

一三七〇　一三七一　一三七二　一三七三

一三七四　一三七五　一三七六　一三七七

一三七八　一三七九　一三八〇

一三八一 一三八二 一三八三
一三八四 一三八五
一三八六 一三八七 一三八八
一三八九 一三九〇 一三九一 一三九三
一三九二 一三九四 一三九七
一三九五 一三九六
一三九八 一三九九 一四〇〇 一四〇一
一四〇二 一四〇三

一四〇四　一四〇五　一四〇六　一四〇七

一四〇八　一四〇九　一四一二

一四一〇

一四一一　一四一三　一四一六

一四一四　一四一五

一四一七　一四一八　一四一九

一四二〇　一四二一

一四二二

一四二三

一四二四

一四二五

一四二六

一四二七

一四二八

一四二九

一四三〇

一四三一

一四三二

一四三三

一四三四

一四三五

一四三六

一四三七

一四三八

一四三九

一四四〇

一四四一

一四四二

一四四三

一四四四

一四四五

一四四六

一四四七

一四四八

一四四九

一四五〇

一四五一　一四五二

一四五三

一四五五　一四五四

一四五六

一四五七　一四六〇

一四五八

一四五九　一四六一　一四六二　一四六三　一四六四

一四六五　一四六六　一四六七　一四六八

一四六九　一四七〇　一四七一

一四七二　一四七三　一四七四

一四七五　一四七六　一四七七

一四七八　一四七九　一四八〇

一四八一　一四八二　一四八三　一四八四
一四八五　一四八六　一四八七　一四八八
一四八九　一四九〇　一四九一　一四九二　一四九三
一四九四　一四九五　一四九六　一四九七
一四九八　一四九九　一五〇〇　一五〇一
一五〇二　一五〇三　一五〇四　一五〇五
一五〇六　一五〇七　一五〇八
一五〇九　一五一〇　一五一一　一五一二　一五一三

一五一四　一五一五　一五一六　一五一七　一五一八

一五一九　一五二〇　一五二一　一五二二　一五二三

一五二四

一五二五　一五二七　一五二八

一五二六　一五二九

一五三　一五三一　一五三二

一五三三　一五三四　一五三五

一五三六

一五三七 一五三八 一五三九 一五四〇 一五四一 一五四二 一五四三 一五四四

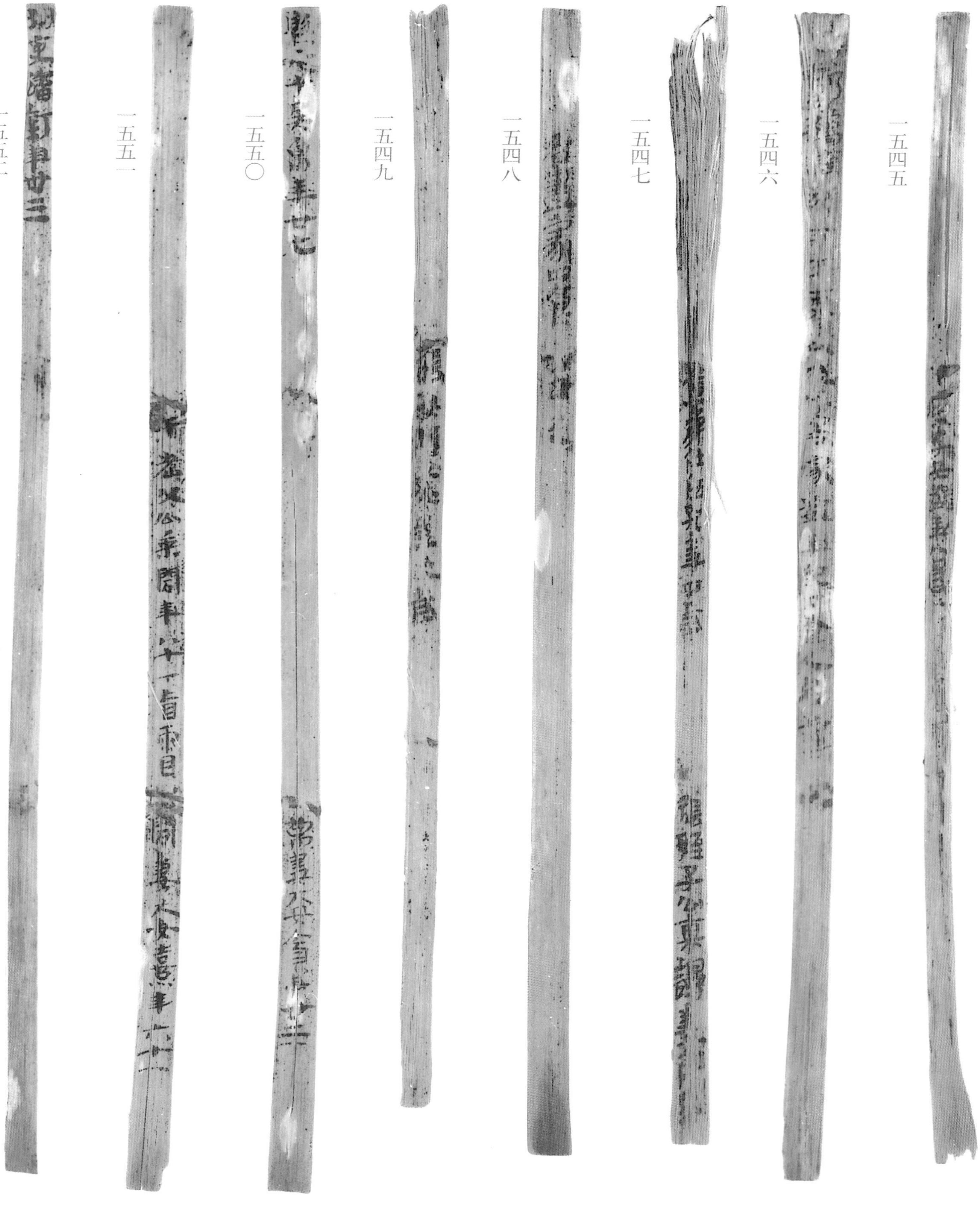

一五四五

一五四六

一五四七

一五四八

一五四九

一五五〇

一五五一

一五五二

一五五三
一五五四
一五五五
一五五六
一五五七
一五五八
一五五九
一五六〇

一五六一

一五六二

一五六三

一五六四

一五六五

一五六六

一五六七

一五六八

一五六九 一五七〇 一五七一 一五七二 一五七三 一五七四 一五七五 一五七六

一五七七

一五七八

一五七九

一五八〇

一五八一

一五八二

一五八三

一五八四

一五八五　一五八六　一五八七　一五八八　一五八九　一五九〇　一五九一　一五九二

一五九三

一五九四

一五九五

一五九六

一五九七

一五九八

一五九九

一六〇〇

一六〇一　一六〇二　一六〇三　一六〇四　一六〇五　一六〇六　一六〇七　一六〇八　一六〇九

一六一〇

一六一一

一六一二

一六一三

一六一四

一六一五

一六一六

一六一七

一六一八

一六一九

一六二〇

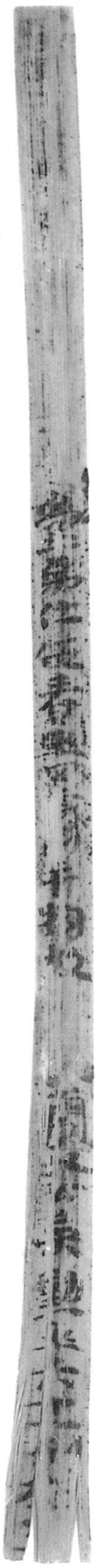

一六二一

一六二二

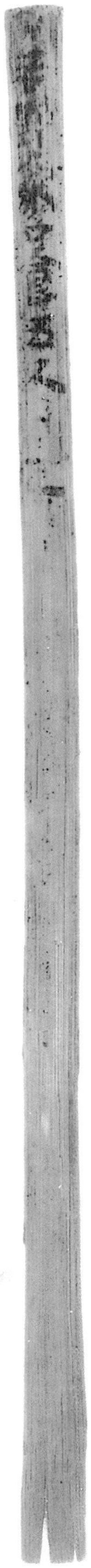

一六二三

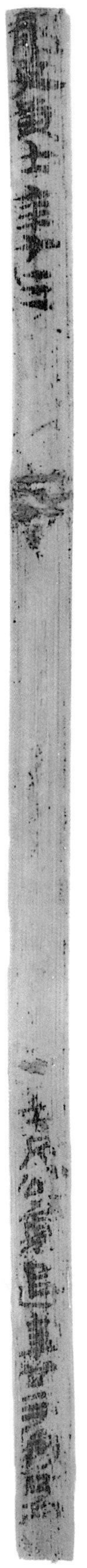

一六二四

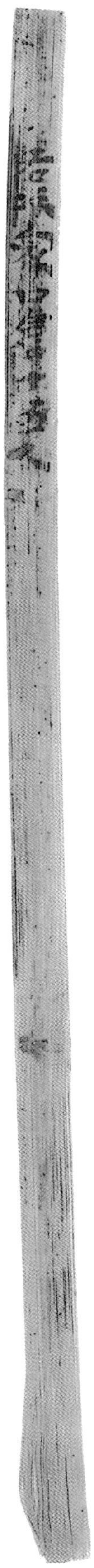

一六二五

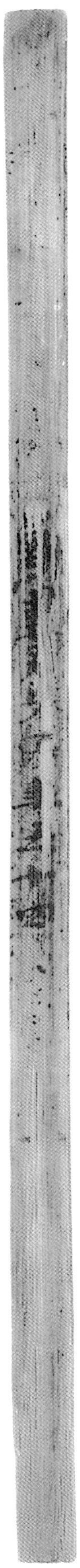

一六二六

一六二七

一六二八

一六二九

一六三〇

一六三一

一六三二

一六三三

一六三四

一六三五

一六三六

一六三七

一六三八

一六三九

一六四〇

一六四一

一六四二

一六四三

一六四四

一六四五

一六四六

一六四七

一六四八

一六四九

一六五〇
一六五一
一六五二
一六五三
一六五四
一六五五
一六五六
一六五七

一六五八

一六五九

一六六〇

一六六一

一六六二

一六六三

一六六四

一六六五

一六六六

一六六七

一六六八

一六六九

一六七〇

一六七一

一六七二

一六七三

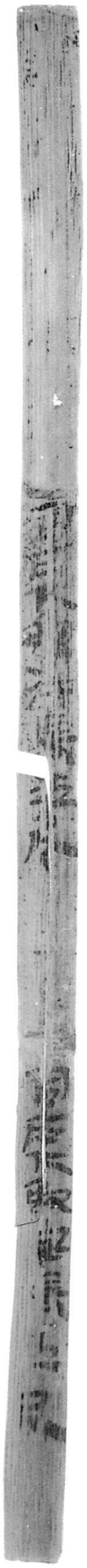
一六七四

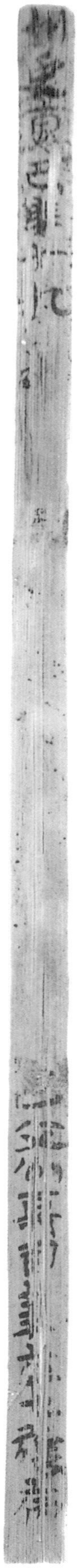
一六七五

一六七六

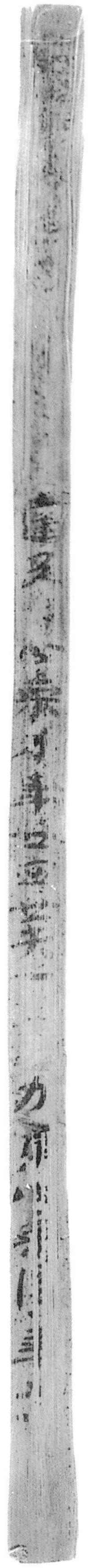
一六七七

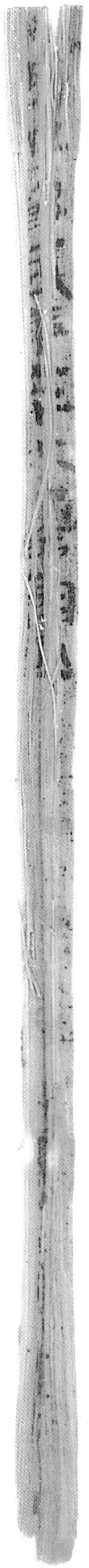
一六七八

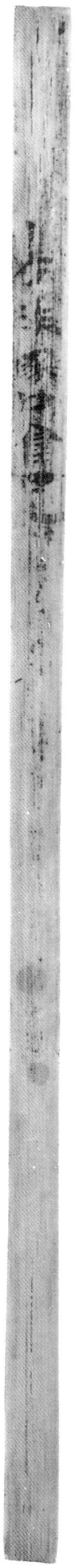
一六七九

一六八〇

一六八一

一六八二
一六八三
一六八四
一六八五
一六八六
一六八七
一六八八
一六八九

一六九〇

一六九一

一六九二

一六九三

一六九四

一六九五

一六九六

一六九七

一六九八　一六九九　一七〇〇　一七〇一　一七〇二　一七〇三　一七〇四　一七〇五

一七〇六

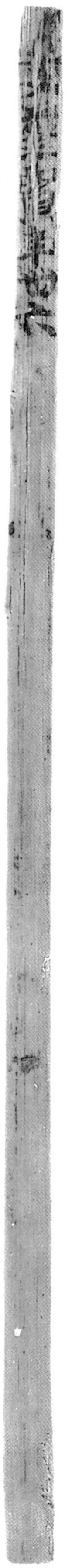

一七〇七

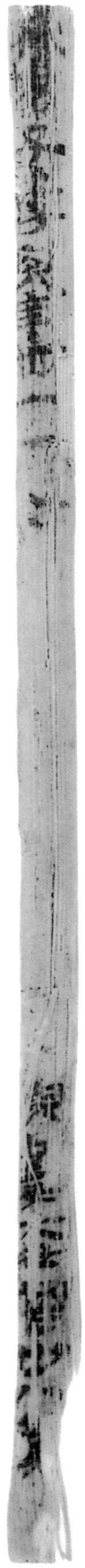

一七〇八

一七〇九

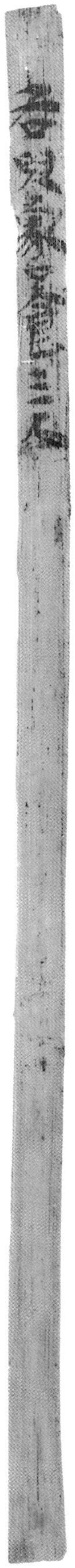

一七一〇

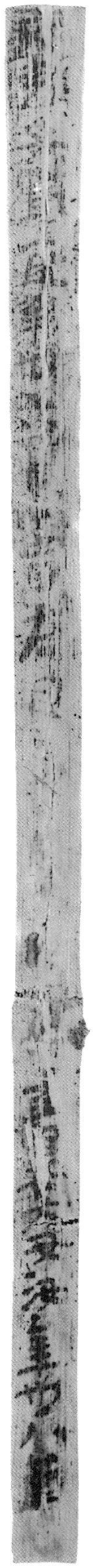

一七一一

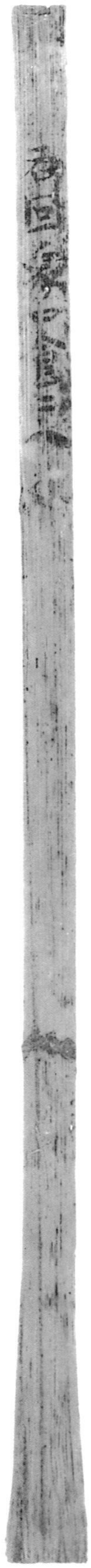

一七一二

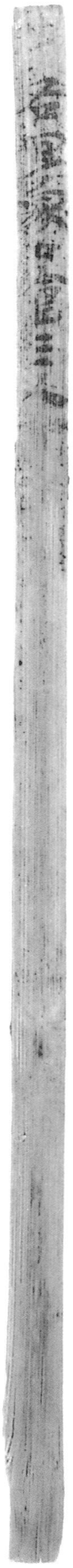

一七一三

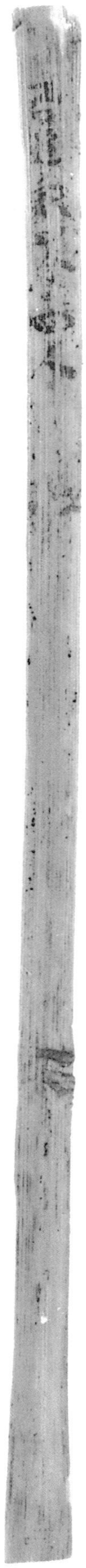

一七一四

一七一五

一七一六

一七一七

一七一八

一七一九

一七二〇

一七二一

一七二二

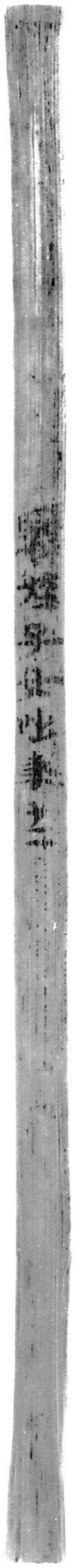

一七二三

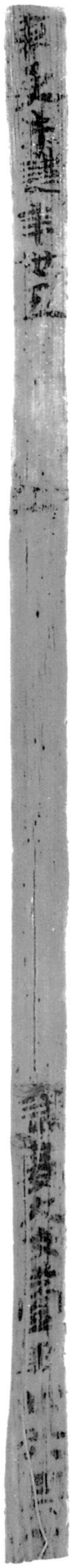

一七二四

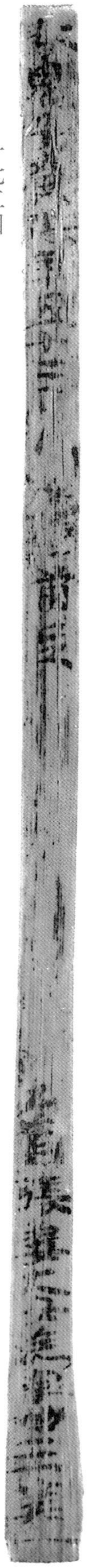

一七二五

一七二六

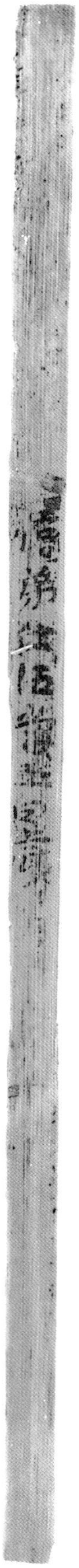

一七二七

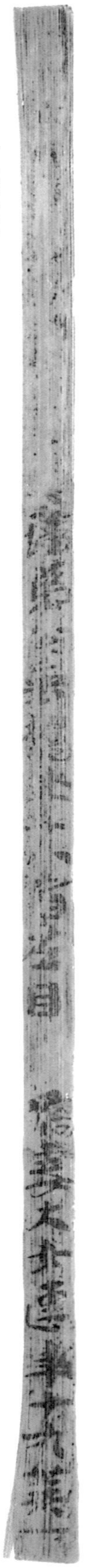

一七二八

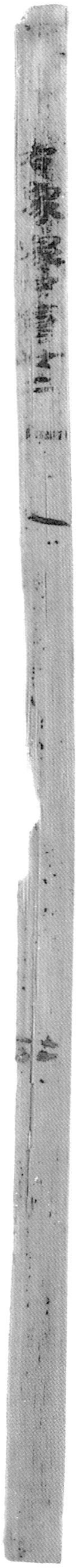

一七二九

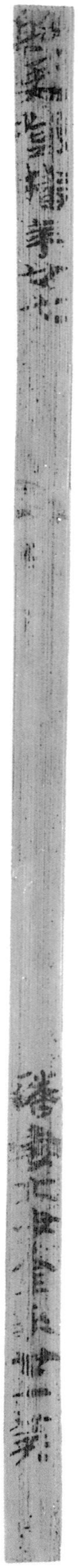

一七三〇

一七三一

一七三二

一七三三

一七三四

一七三五

一七三六

一七三七

一七五四

一七五五

一七五六

一七五七

一七五八

一七五九

一七六〇

一七六一

一七六二

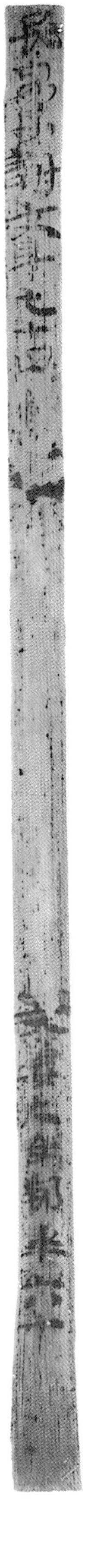

一七六三

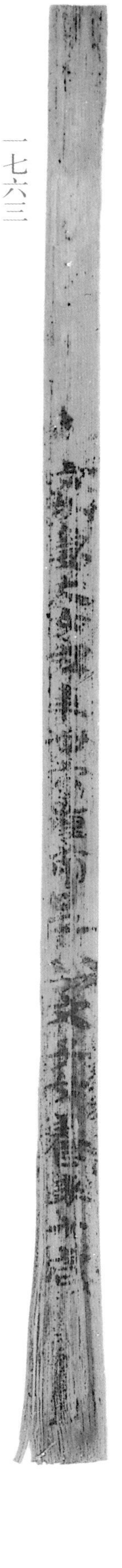

一七六四

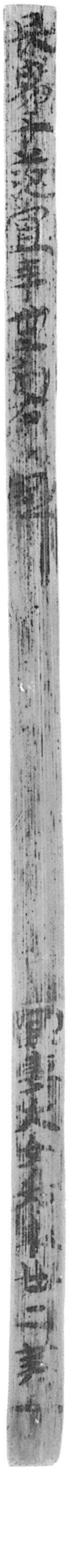

一七六五

一七六六

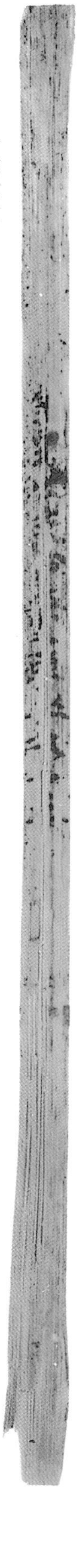

一七六七

一七六八

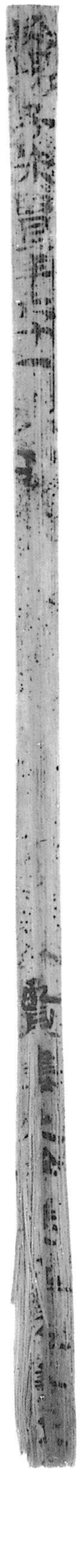

一七六九

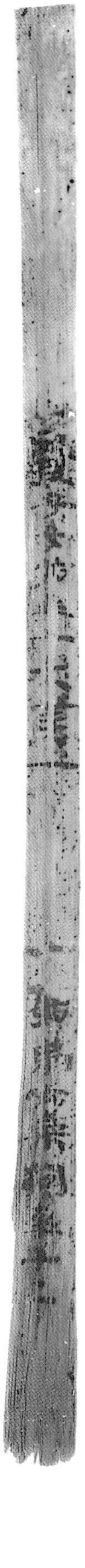

一七七〇
一七七一
一七七二
一七七三
一七七四
一七七五
一七七六
一七七七

一七七八

一七七九

一七八〇

一七八一

一七八二

一七八三

一七八四

一七八五

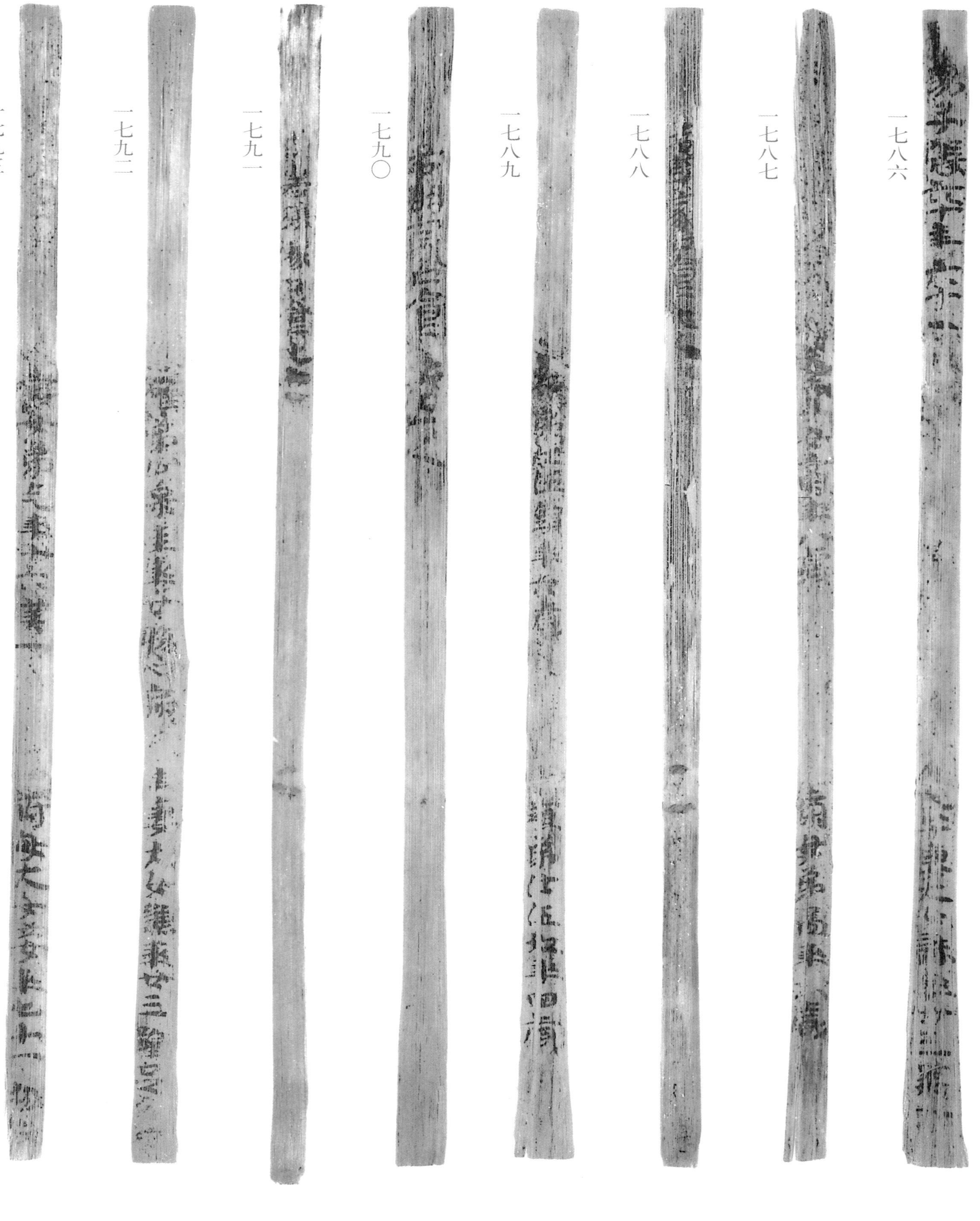

一七八六　一七八七　一七八八　一七八九　一七九〇　一七九一　一七九二　一七九三

一七九四 一七九五 一七九六 一七九七 一七九八 一七九九 一八〇〇 一八〇一

一八〇二

一八〇三

一八〇四

一八〇五

一八〇六

一八〇七

一八〇八

一八〇九

一八一〇

一八一一

一八一二

一八一三

一八一四

一八一五

一八一六

一八一七

一八一八 一八一九 一八二〇 一八二一 一八二二 一八二三 一八二四 一八二五

一八二六

一八二七

一八二八

一八二九

一八三〇

一八三一

一八三二

一八三三

一八三四

一八三五

一八三六

一八三七

一八三八

一八三九

一八四〇

一八四一

一八四二

一八四三

一八四四

一八四五

一八四六

一八四七

一八四八

一八四九

一八五〇

一八五一

一八五二

一八五三

一八五四

一八五五

一八五六

一八五七

一八五八

一八五九

一八六〇

一八六一

一八六二

一八六三

一八六四

一八六五

一八六六

一八六七

一八六八

一八六九

一八七〇

一八七一

一八七二

一八七三

一八七四

一八七五

一八七六

一八七七

一八七八

一八七九

一八八〇

一八八一

一八八二

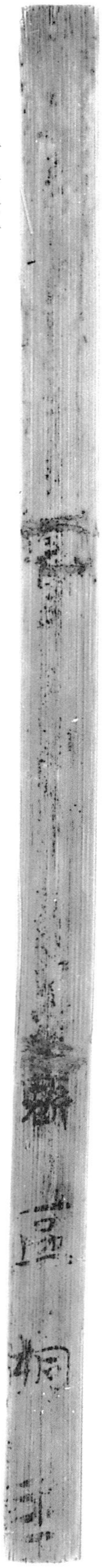

一八八三

一八八四

一八八五

一八八六

一八八七

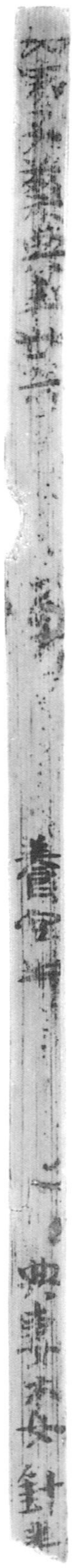

一八八八

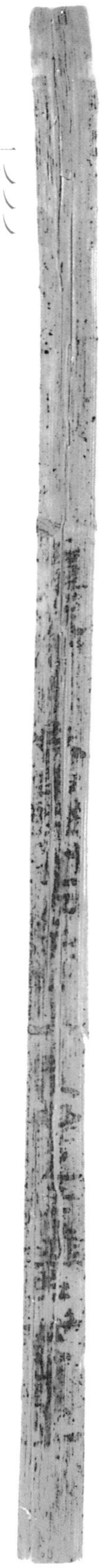

一八八九

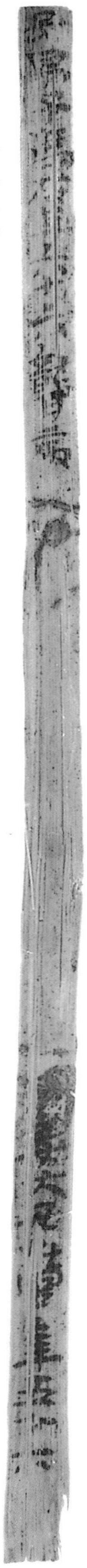

一八九〇

一八九一

一八九二

一八九三

一八九四

一八九五

一八九六

一八九七

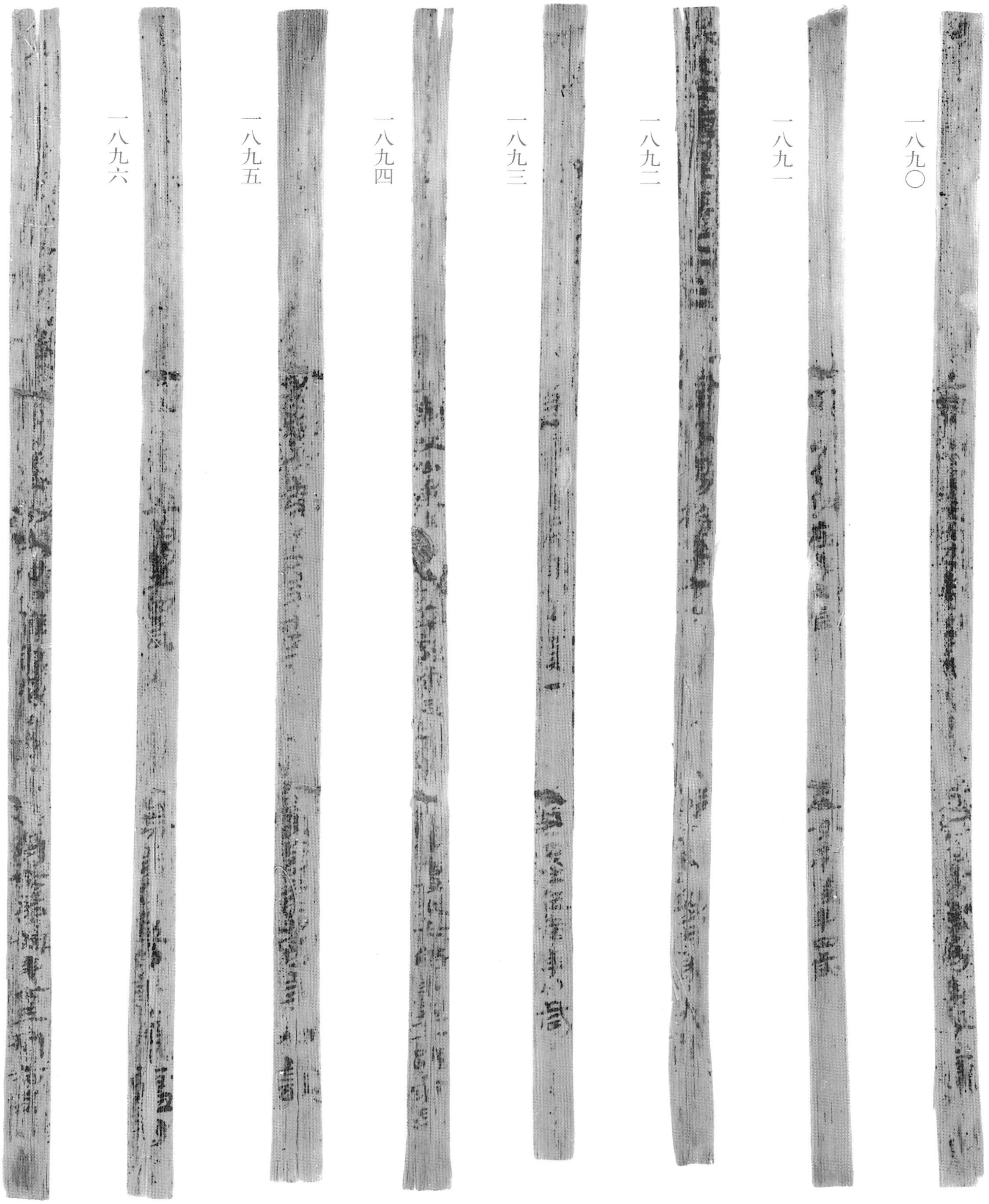

一八九八

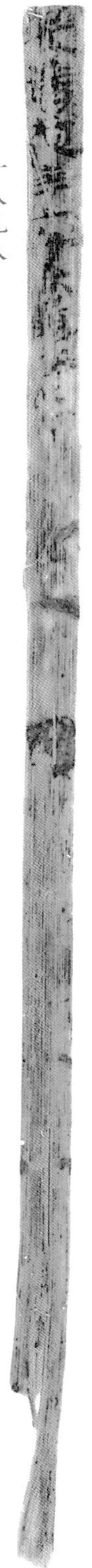

一八九九

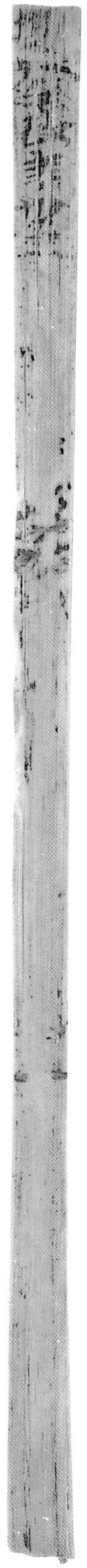

一九〇〇

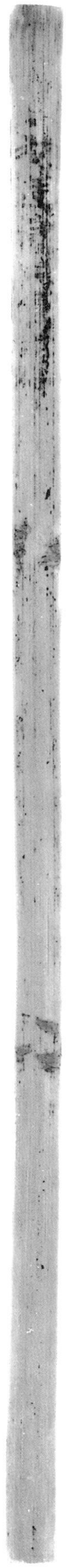

一九〇一

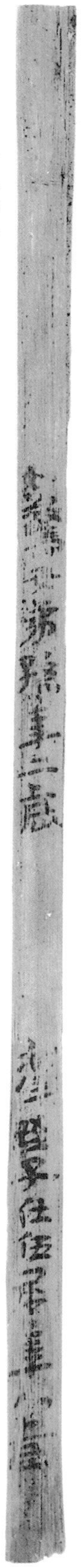

一九〇二

一九〇三

一九〇四

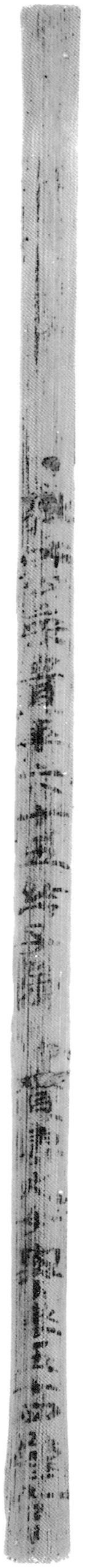

一九〇五

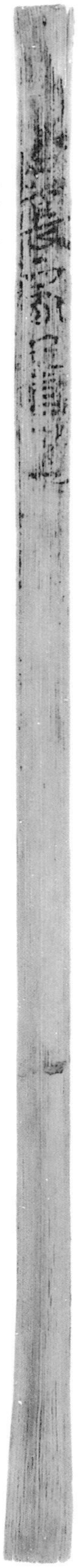

一九〇六

一九〇七

一九〇八

一九〇九

一九一〇

一九一一

一九一二

一九一三

一九一四

一九一五

一九一六

一九一七

一九一八

一九一九

一九二〇

一九二一

一九二二
一九二三
一九二四
一九二五
一九二六
一九二七
一九二八
一九二九

一九三〇

一九三一

一九三二

一九三三

一九三四

一九三五

一九三六

一九三七

一九三八

一九三九

一九四〇

一九四一

一九四二

一九四三

一九四四

一九四五

一九四六

一九四七

一九四八

一九四九
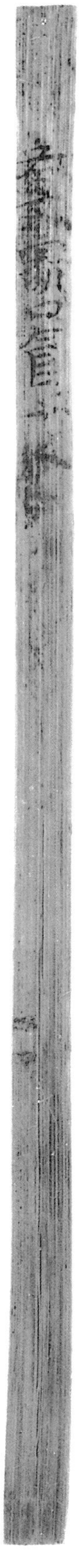

一九五〇
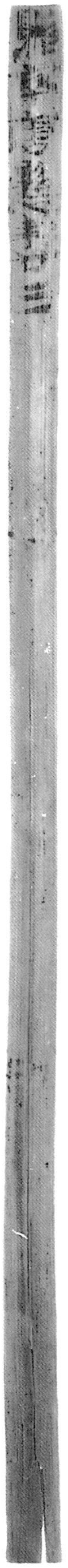

一九五一

一九五二
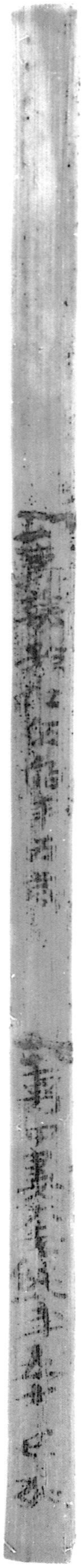

一九五三
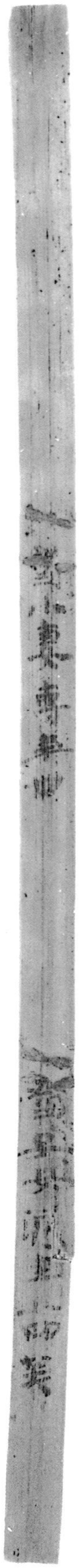

一九五四

一九五五

一九五六

一九五七

一九五八

一九五九

一九六〇

一九六一

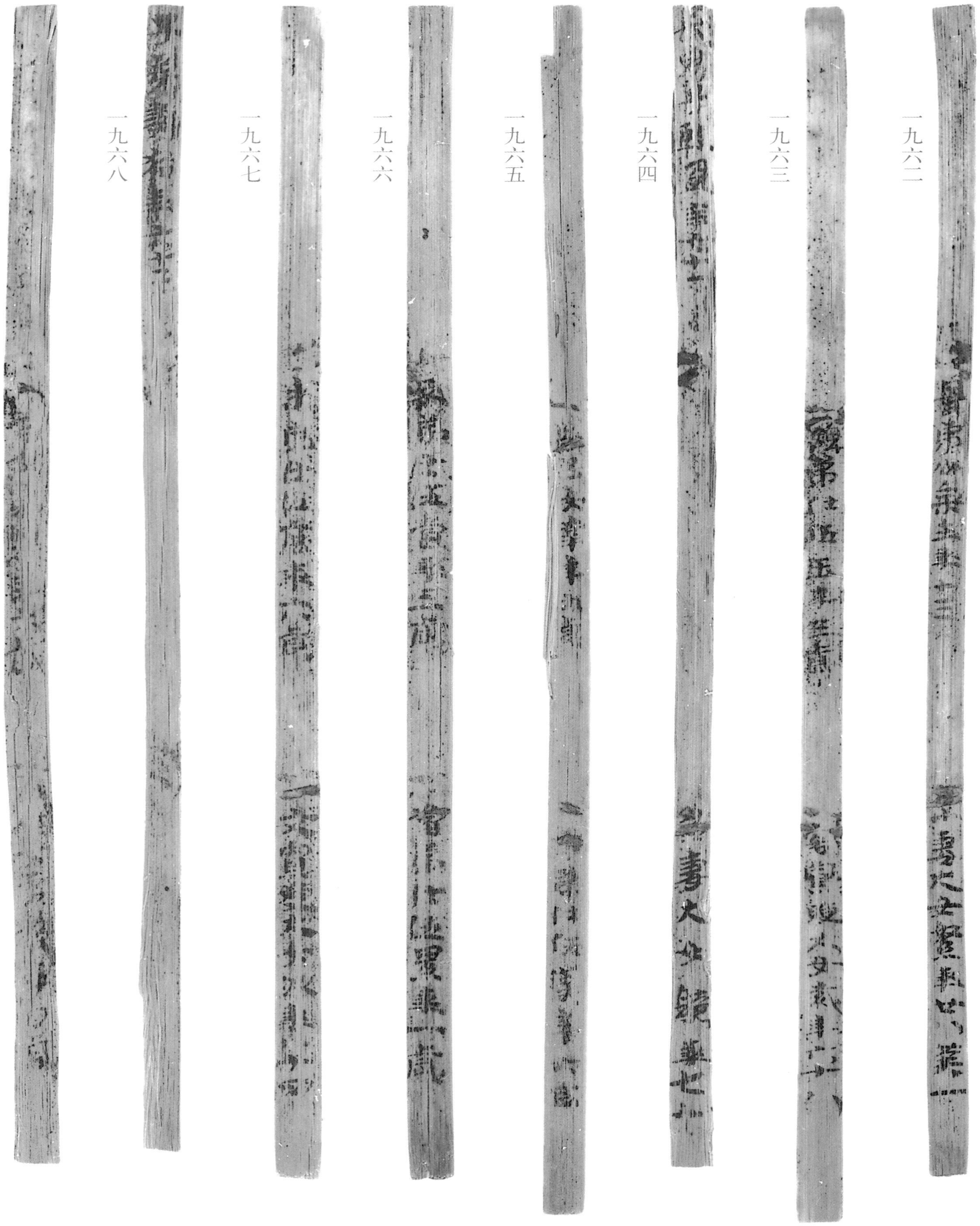

一九六二
一九六三
一九六四
一九六五
一九六六
一九六七
一九六八
一九六九

一九七〇

一九七一

一九七二

一九七三

一九七四

一九七五

一九七六

一九七七

一九七八

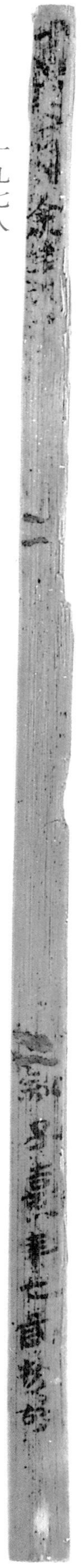

一九七九

一九八〇

一九八一

一九八二

一九八三

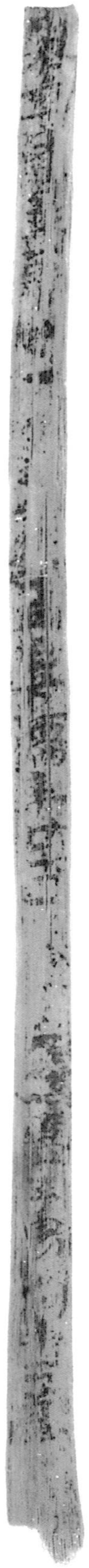

一九八四

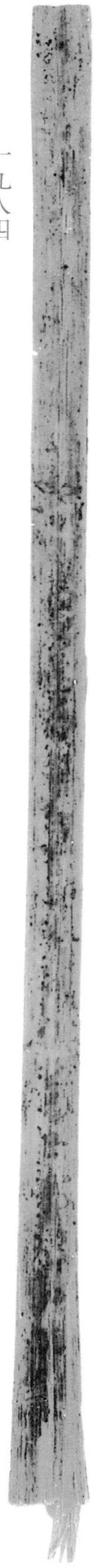

一九八五

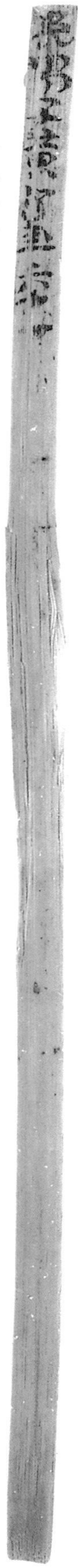

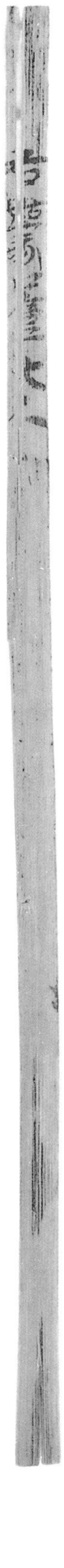
一九八六

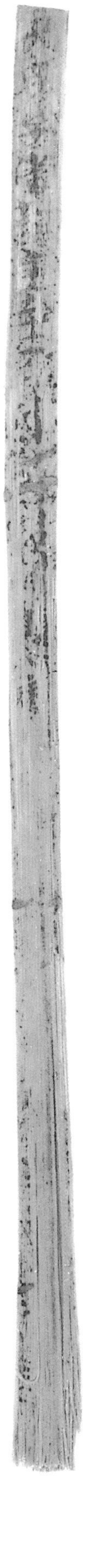
一九八七

一九八八

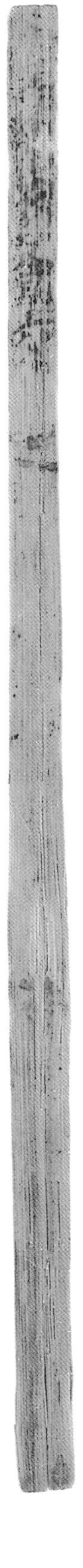
一九八九

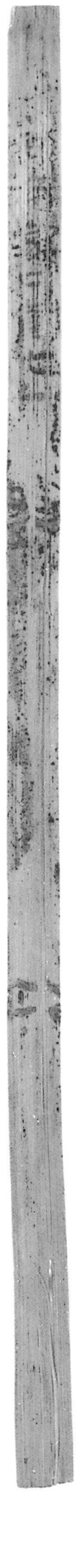
一九九〇

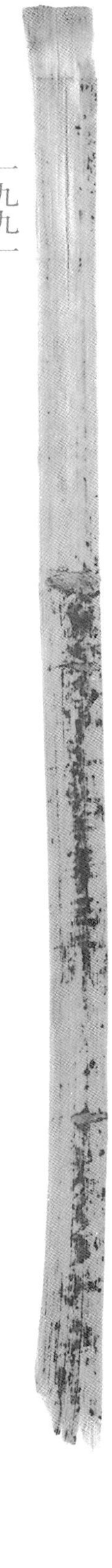
一九九一

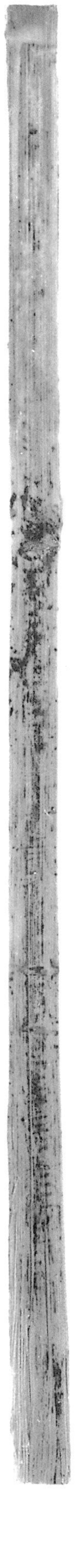
一九九二

一九九三

一九九四

一九九五

一九九六

一九九七

一九九八

一九九九

二〇〇〇

二〇〇一

二〇〇二

二〇〇三

二〇〇四

二〇〇五

二〇〇六

二〇〇七

二〇〇八

二〇〇九

二〇一〇

二〇一一

二〇一二

二〇一三

二〇一四

二〇一五

二〇一六

二〇一七

二〇一八
二〇一九
二〇二〇
二〇二一
二〇二二
二〇二三
二〇二四
二〇二五

二〇二六 二〇二七 二〇二八 二〇二九 二〇三〇 二〇三一 二〇三二 二〇三三

二〇三四

二〇三五

二〇三六

二〇三七

二〇三八

二〇三九

二〇四〇

二〇四一

二〇四二

二〇四三

二〇四四

二〇四五

二〇四六

二〇四七

二〇四八

二〇四九

二〇五〇

二〇五一

二〇五二

二〇五三

二〇五四

二〇五五

二〇五六

二〇五七

二〇五八

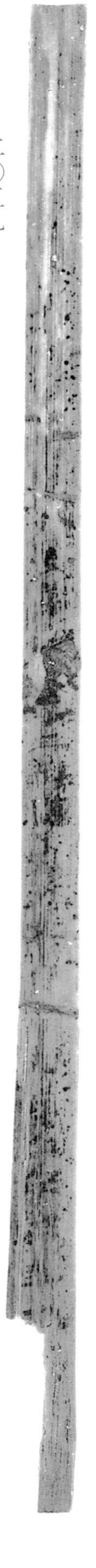
二〇五九

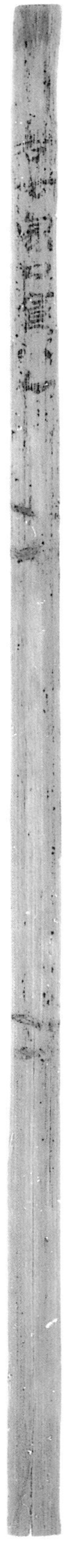
二〇六〇

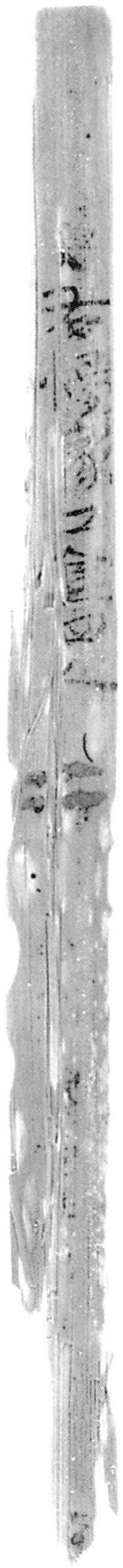
二〇六一

二〇六二

二〇六三

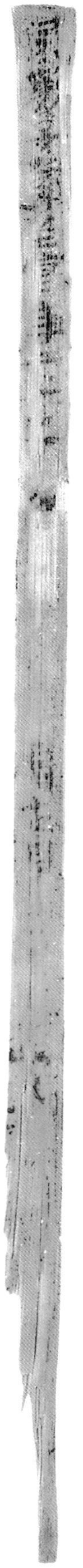
二〇六四

二〇六五

二〇六六

二〇六七

二〇六八

二〇六九

二〇七〇

二〇七一

二〇七二

二〇七三

二〇七四
二〇七五
二〇七六
二〇七七
二〇七八
二〇七九
二〇八〇
二〇八一

二〇八二

二〇八三

二〇八四

二〇八五

二〇八六

二〇八七

二〇八八

二〇八九

二〇九〇

二〇九一

二〇九二

二〇九三

二〇九四

二〇九五

二〇九六

二〇九七

二〇九八 二〇九九 二一〇〇 二一〇一 二一〇二 二一〇三 二一〇四 二一〇五

二二〇六

二二〇七

二二〇八

二二〇九

二二一〇

二二一一

二二一二

二二一三

二二一四 二二一五 二二一六 二二一七 二二一八 二二一九 二二二〇 二二二一

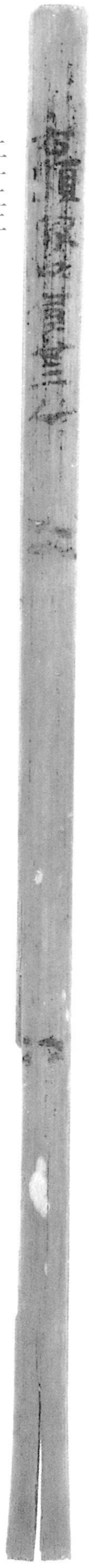
二一二二

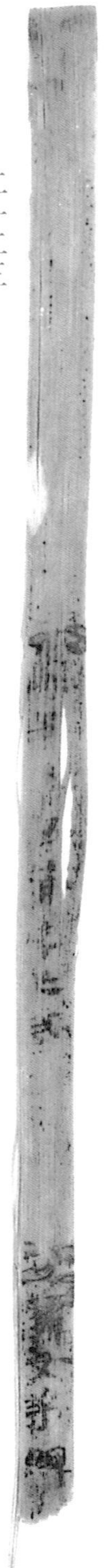
二一二三

二一二四

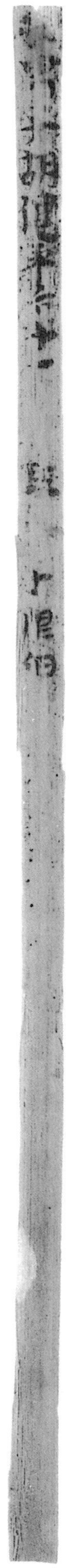
二一二五

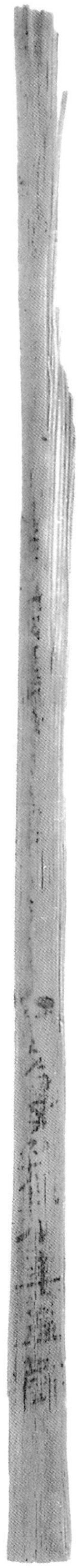
二一二六

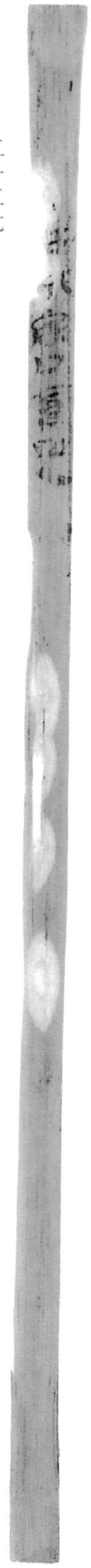
二一二七

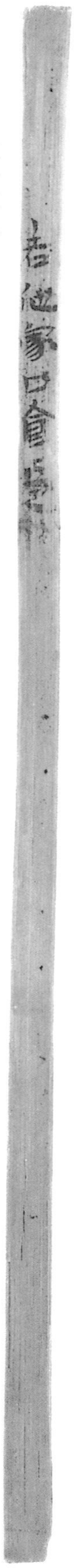
二一二八

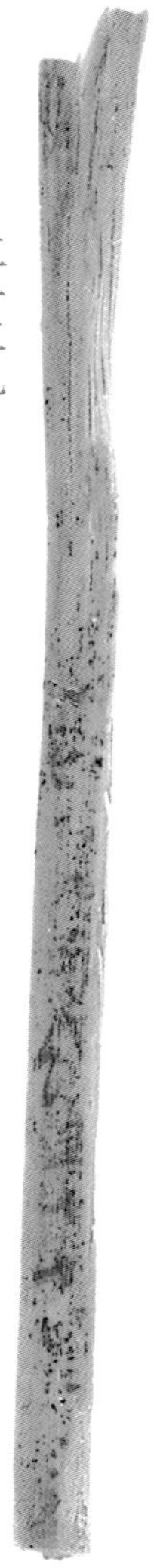
二一二九

二二三〇

二二三一

二二三二

二二三三

二二三四

二二三五

二二三六

二二三七

二二三八

二二三九　二二四〇　二二四一

二二四二　二二四三

二二四四　二二四五　二二四六

二二四七

二二四八

二二四九

二二五〇

二二五一

二一五二

二一五三

二一五四

二一五五

二一五六

二一五七

二一五八

二一五九

二一六〇
二一六一
二一六二
二一六三
二一六四
二一六五
二一六六
二一六七

二二六八　二二七五

二二六九

二二七〇

二二七一

二二七二

二二七三　二二七七

二二七四　二二七六

二二七八　二二七九

二一八〇　二一八一

二一八二　二一八三

二一八四　二一八五

二一八六　二一八七

二一八八　二一八九

二一九〇

二一九一

二一九二

二一九三　二一九八

二一九四

二一九五　二一九九

二一九六

二一九七

二二〇〇　二二〇一

二二〇二

二二〇三

二二〇四

二二〇五

二二〇六

二二〇七

二二〇八

二二〇九

二二一〇

二二一一

二三二〇 二三一九 二三一八 二三一七 二三一六 二三一四 二三一三 二三一二 二三一五

二二三二一 二二三二二 二二三二三 二二三二四

二二三二五 二二三二六 二二三二七 二二三二八

二二三二九 二二三三〇 二二三三一 二二三三二

二二三三三 二二三三四 二二三三七

二二三三五 二二三三六 二二三三八

二二三九　二二四〇

二二四一　二二四二　二二四三

二二四四　二二四五　二二四六

二二四七　二二四八　二二五一

二二四九　二二五〇　二二五二

二二五三　二二五四　二二五五

二二五六　二二五七　二二五八

二二五九　二二六〇　二二六一

二二六二

二二六三

二二六四

二二六五

二二六六

二二六七

二二六八

二二六九

二二七〇

二二七一

二二七二

二二七三

二二七四

二二七五

二二七六

二二七七

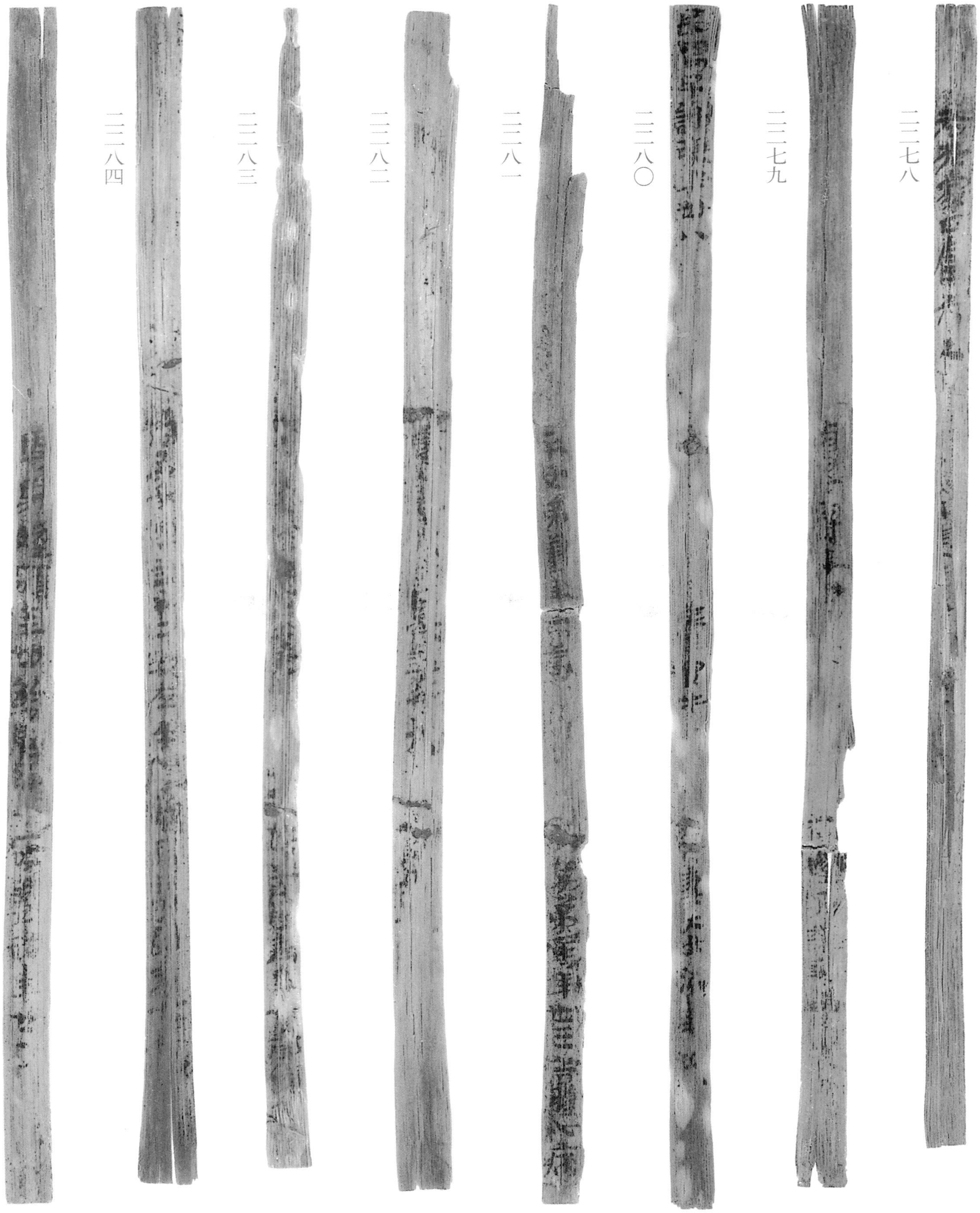

二二七八

二二七九

二二八〇

二二八一

二二八二

二二八三

二二八四

二二八五

二三八六　二三八七　二三八八　二三八九　二三九〇　二三九一　二三九二　二三九三

二二九四

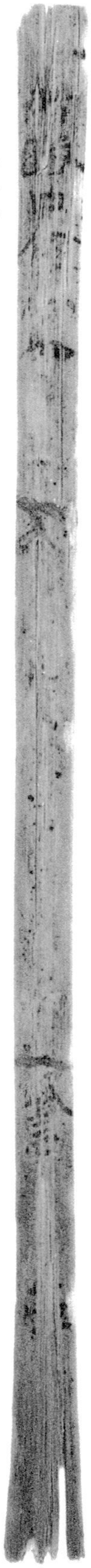

二二九五

二二九六

二二九七

二二九八

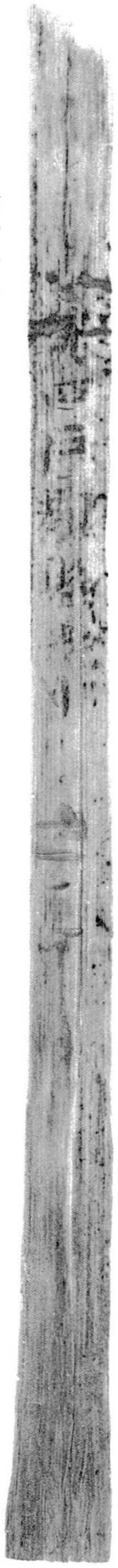

二二九九

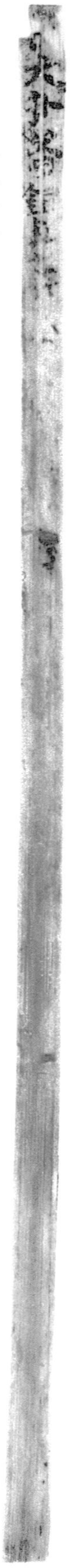

二三〇〇

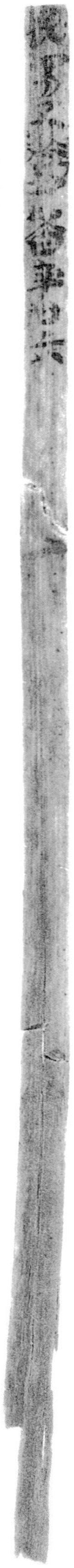

二三〇一

二三〇二

二三〇三

二三〇四
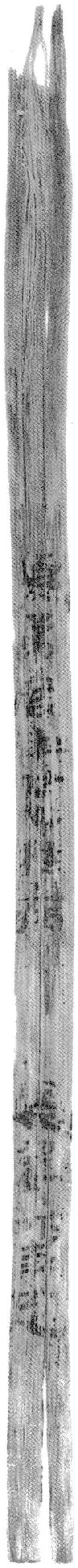

二三〇五
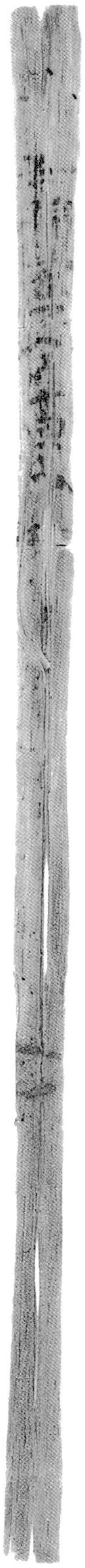

二三〇六
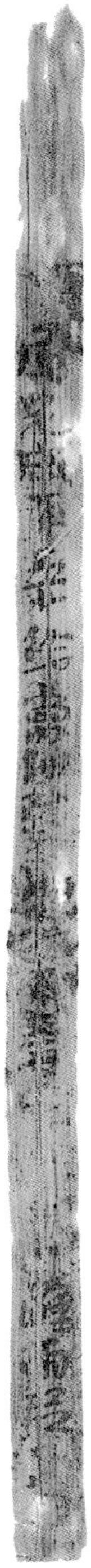

二三〇七

二三〇八
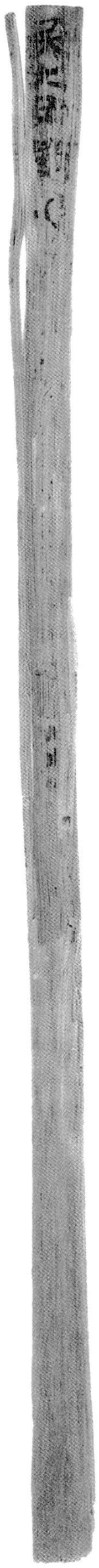

二三〇九

二三一〇
二三一一
二三一二
二三一三
二三一四
二三一五
二三一六
二三一七

二三二一八

二三二一九

二三二二〇

二三二二一

二三二二二

二三二二三

二三二二四

二三二二五

二三二六

二三二七

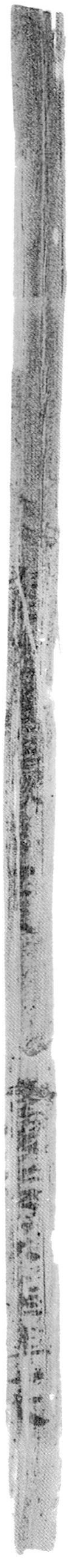

二三二八

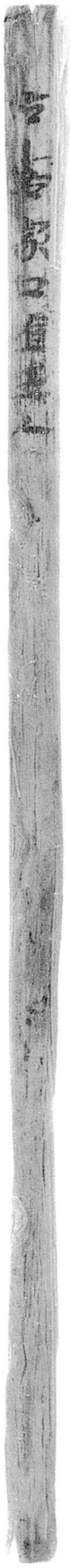

二三二九

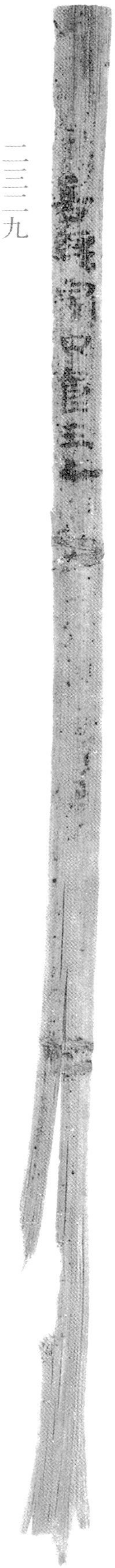

二三三〇

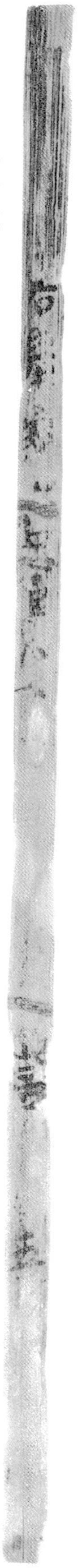

二三三一

二三三二

二三三三

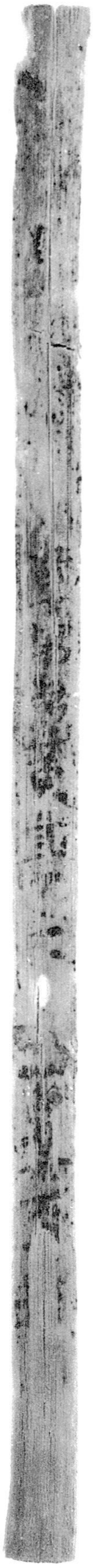

二三三四

二三三五

二三三六

二三三七

二三三八

二三三九

二三四〇

二三四一

二三四二

二三四三

二三四四

二三四五

二三四六

二三四七

二三四八

二三四九

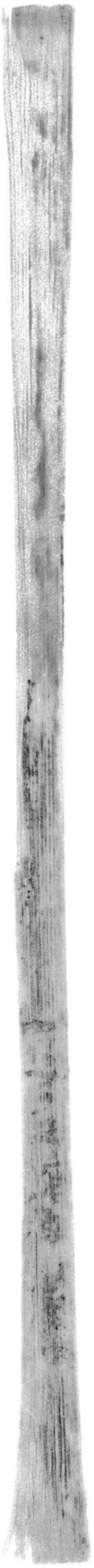
二三五〇

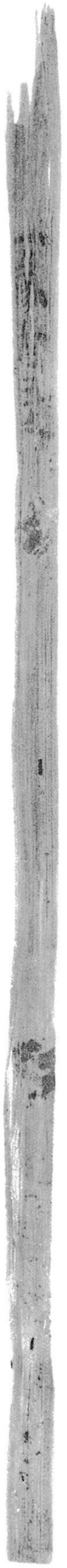
二三五一

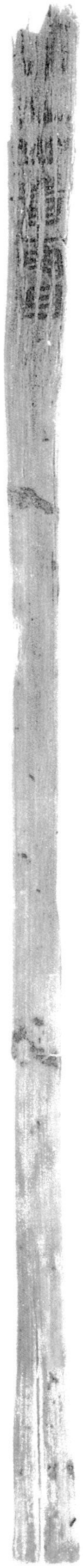
二三五二

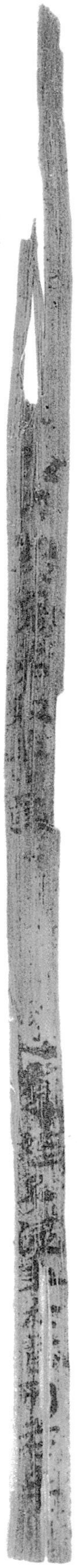
二三五三

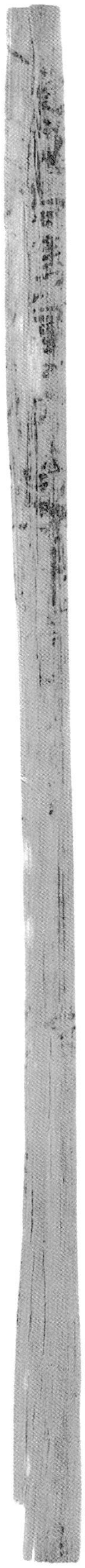
二三五四

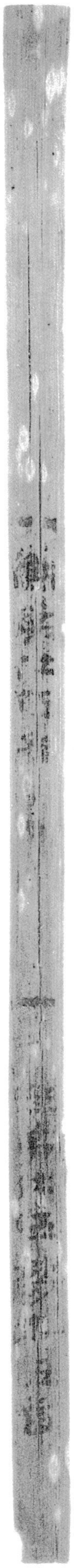
二三五五

二三五六

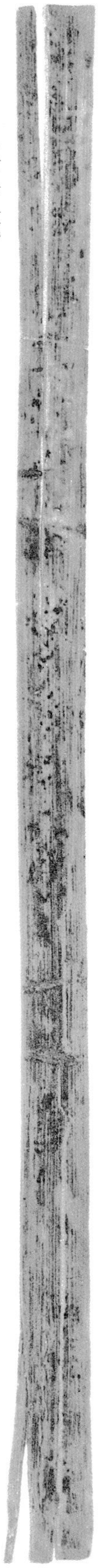
二三五七

二三五八

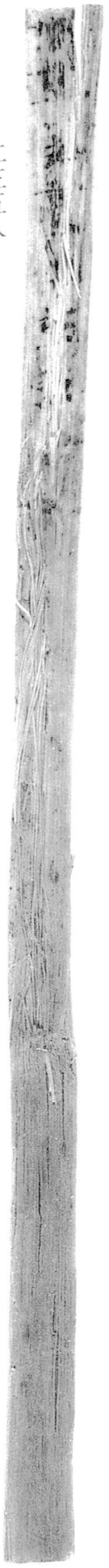

二三五九

二三六〇

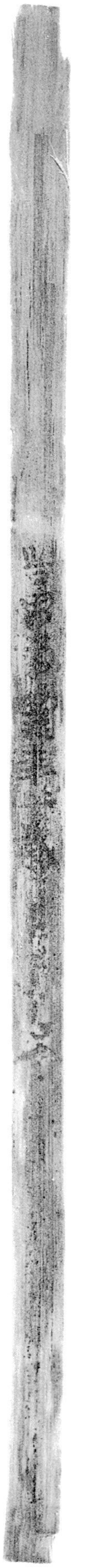

二三六一

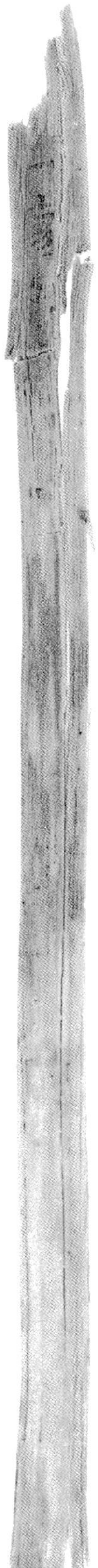

二三六二

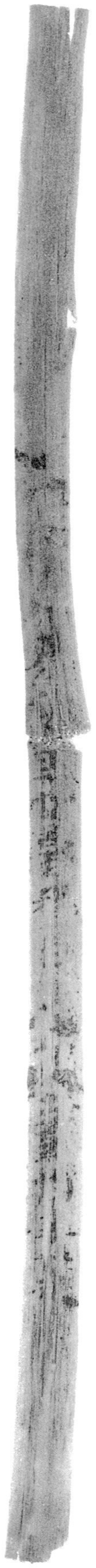

二三六三

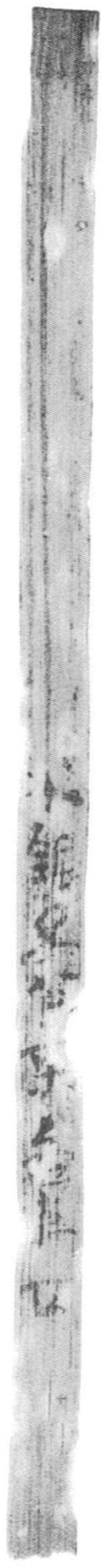

二三六四

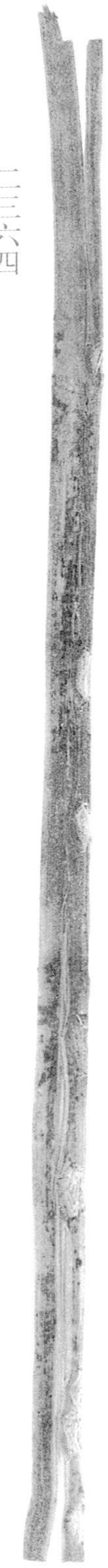

二三六五

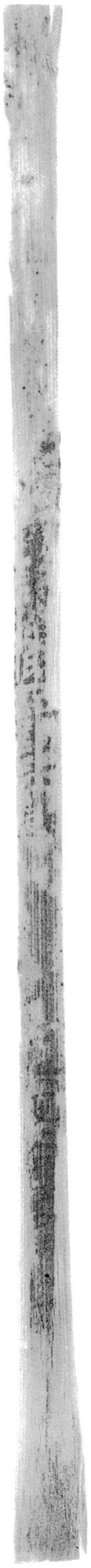
二三六六

二三六七

二三六八

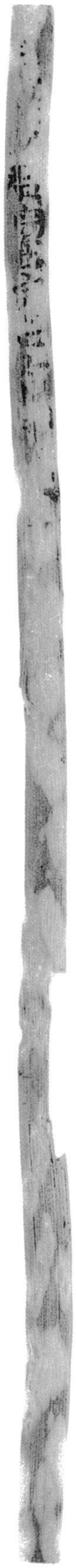
二三六九

二三七〇

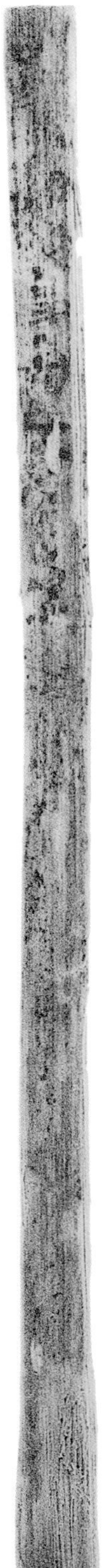
二三七一

二三七二

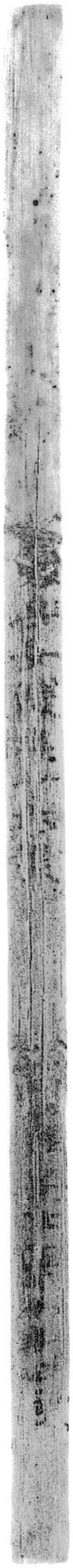
二三七三

二三七四
二三七五
二三七六
二三七七
二三七八
二三七九
二三八〇
二三八一

二三八二

二三八三

二三八四

二三八五

二三八六

二三八七

二三八八

二三八九

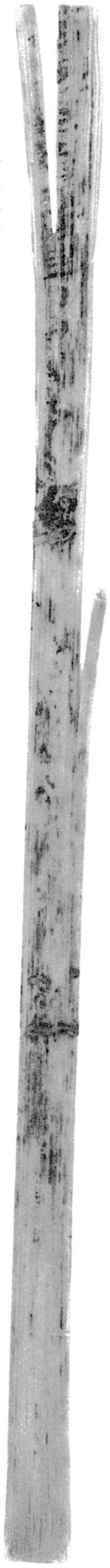
二三九〇

二三九一

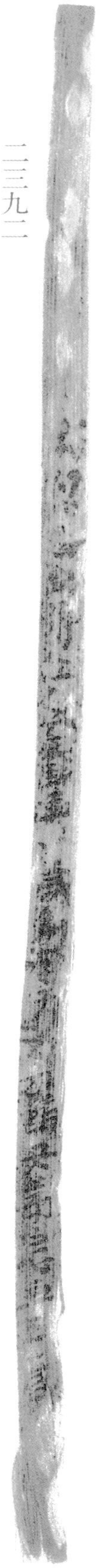
二三九二

二三九三

二三九四

二三九五

二三九六

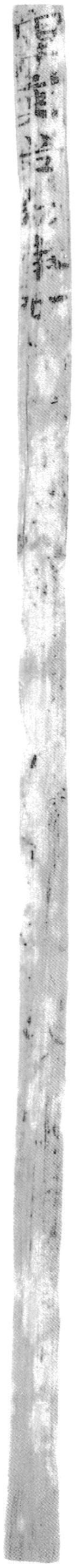
二三九七

二三九八 二三九九 二四〇〇 二四〇一 二四〇二 二四〇三 二四〇四 二四〇五

二四〇六
二四〇七
二四〇八
二四〇九
二四一〇
二四一一
二四一二
二四一三

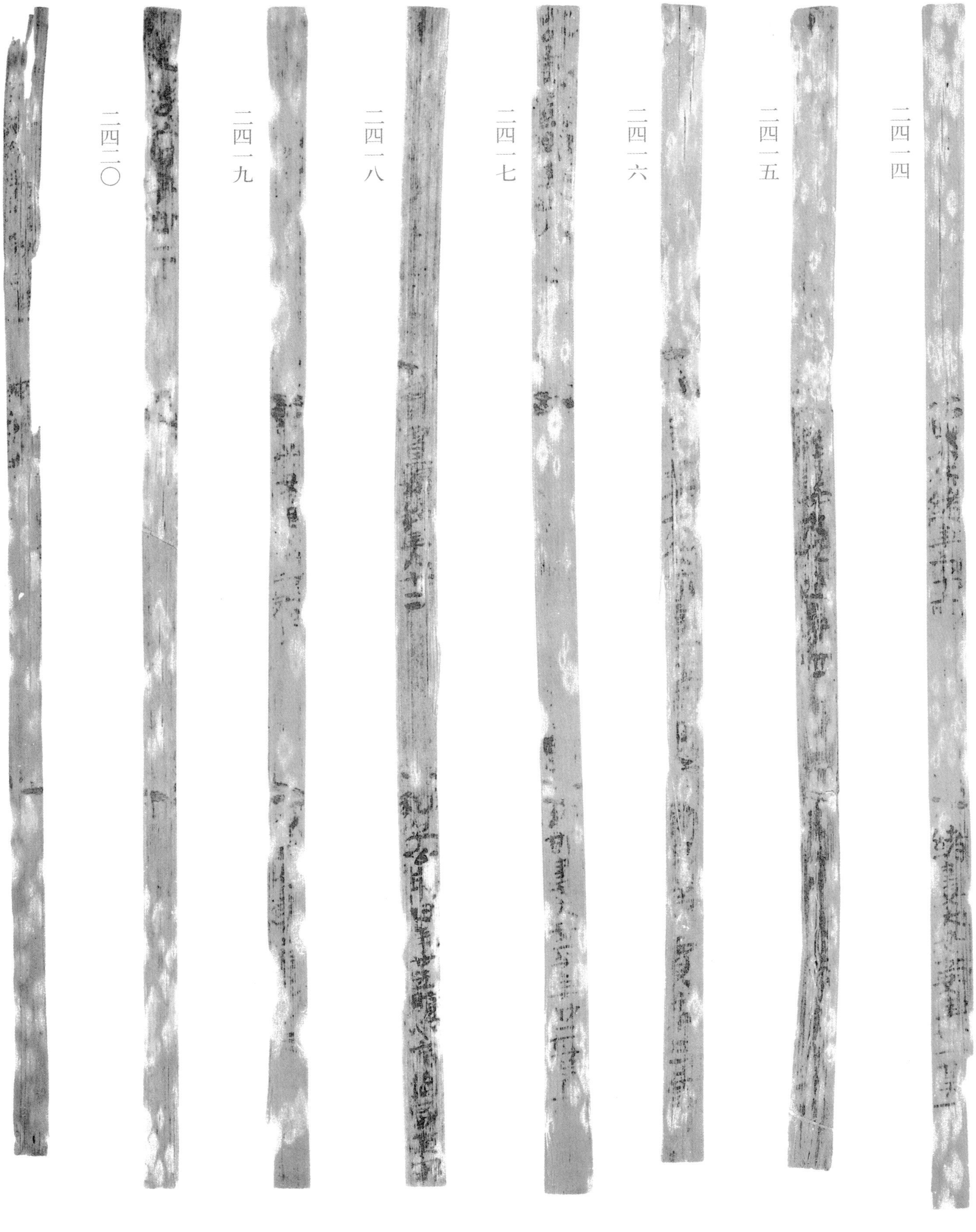

二四一四

二四一五

二四一六

二四一七

二四一八

二四一九

二四二〇

二四二一

二四二二　二四二三　二四二六　二四二四　二四二五　二四二七　二四二八　二四二九　二四三〇　二四三一　二四三二　二四三三　二四三四

二四三五 二四三六 二四三七 二四三八 二四三九 二四四〇 二四四一 二四四二

二四四三
二四四四
二四四五
二四四六
二四四七
二四四八
二四四九
二四五〇

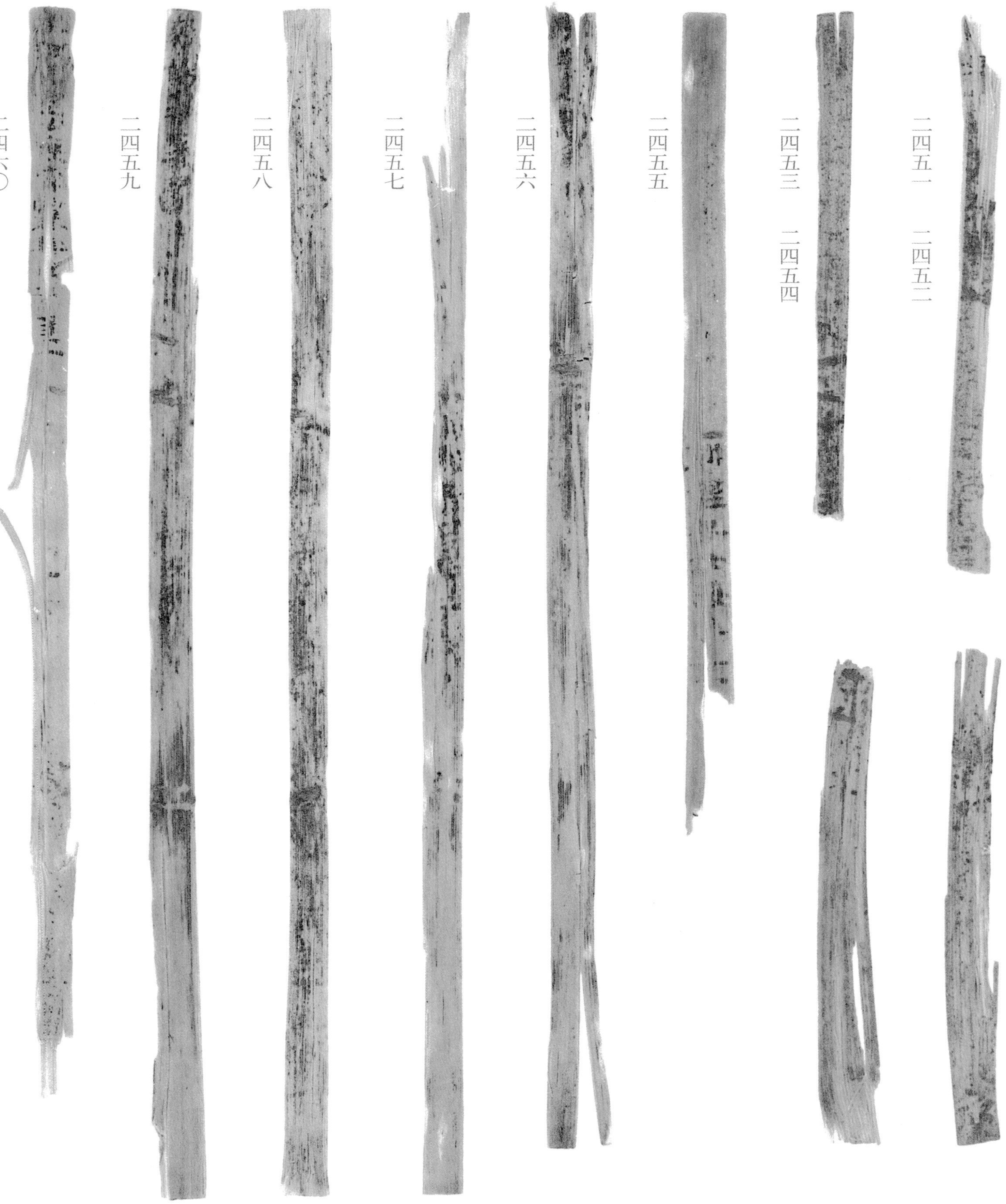

二四五一　二四五二

二四五三　二四五四

二四五五

二四五六

二四五七

二四五八

二四五九

二四六〇

二四六一

二四六二

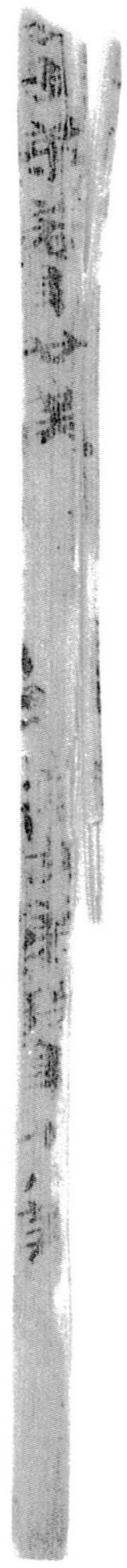
二四六三

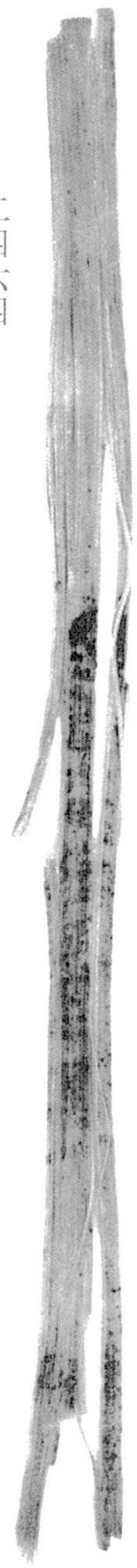
二四六四

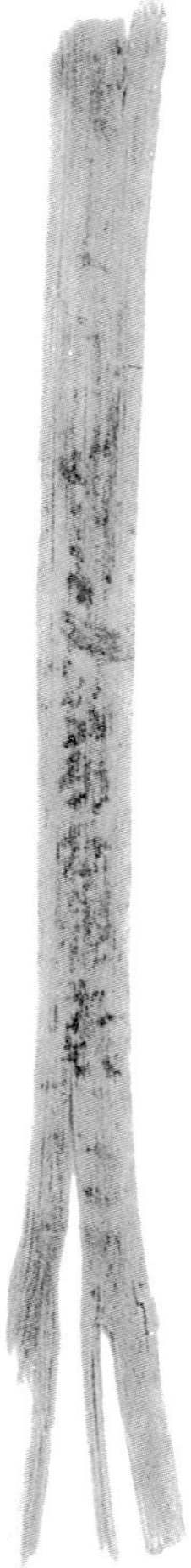
二四六五

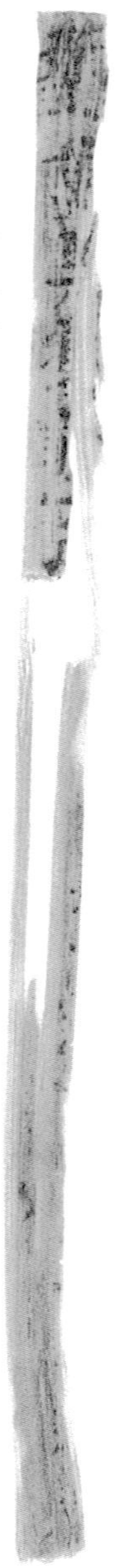
二四六六

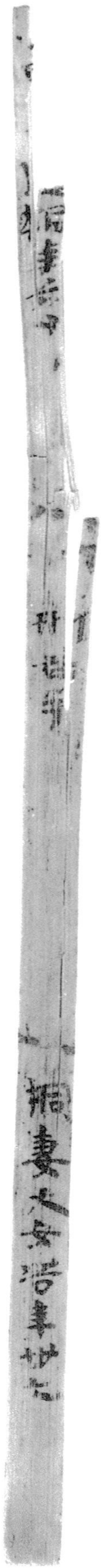
二四六七

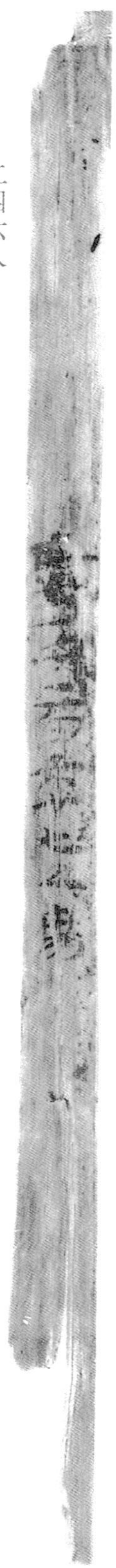
二四六八

二四六九
二四七〇
二四七一
二四七二
二四七三
二四七四
二四七五
二四七六

二四七七

二四七八

二四七九

二四八〇

二四八一

二四八二

二四八三

二四八四

二四八五

二四八六

二四八七

二四八八

二四八九

二四九〇　二四九一

二四九二

二四九三

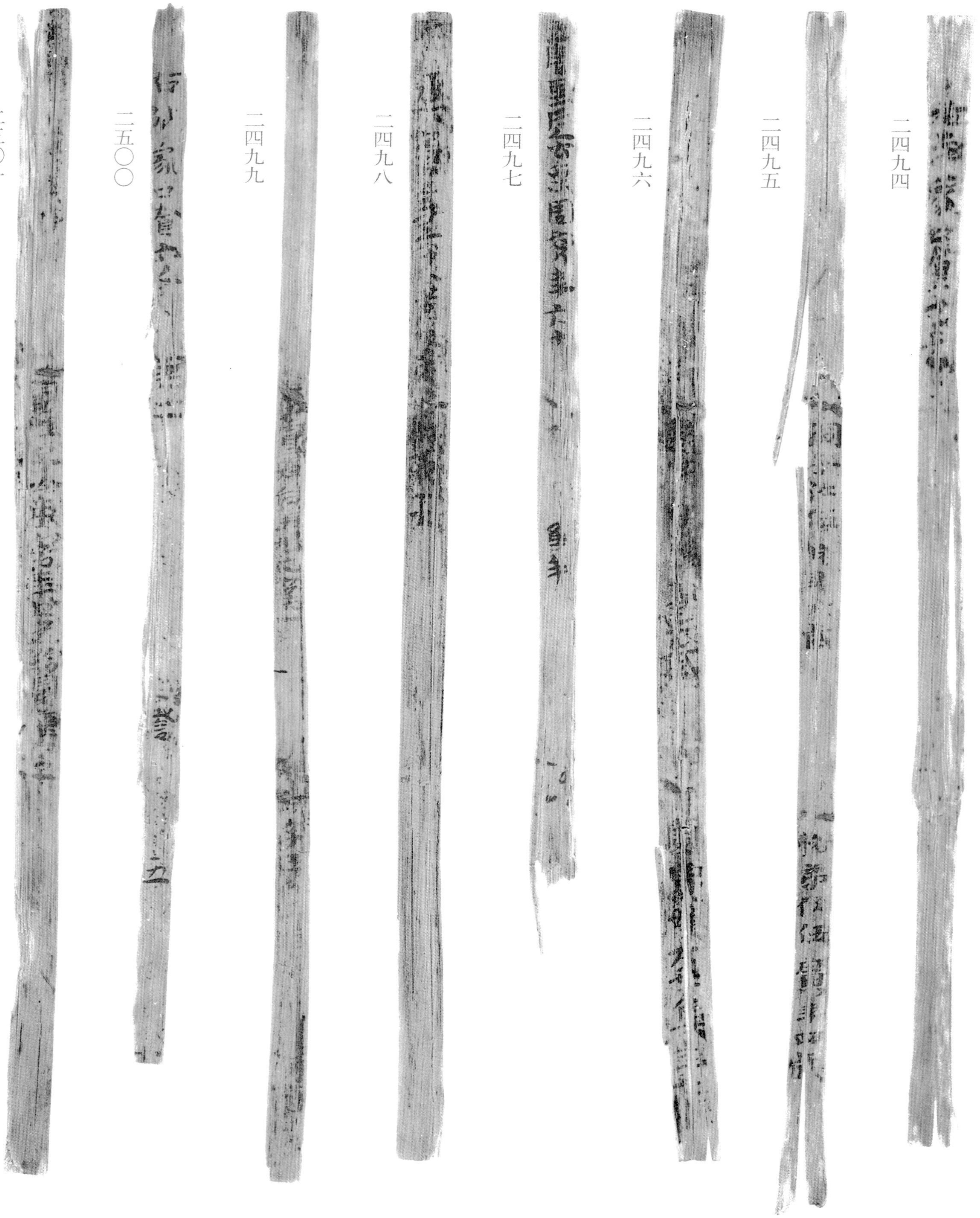

二四九四

二四九五

二四九六

二四九七

二四九八

二四九九

二五〇〇

二五〇一

二五〇二

二五〇三

二五〇四

二五〇五

二五〇六

二五〇七

二五〇八

二五〇九

二五一〇

二五一一

二五一二

二五一三

二五一四

二五一五

二五一六

二五一七

二五一八

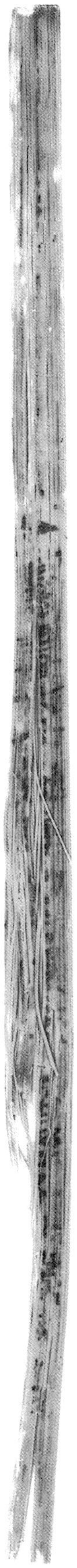

二五一九

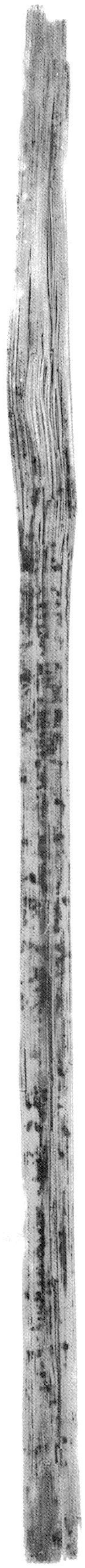

二五二〇

二五二一

二五二二

二五二三

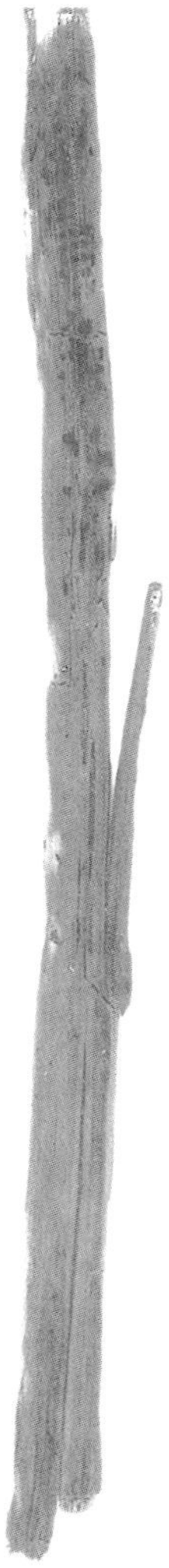

二五二四

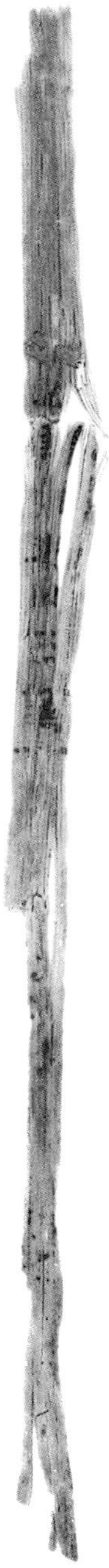

二五二五

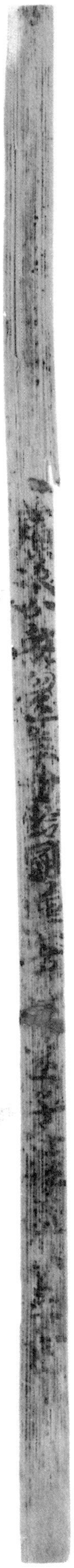

二五二六
二五二七
二五二八
二五二九
二五三〇
二五三一
二五三二
二五三三

二五三四

二五三五

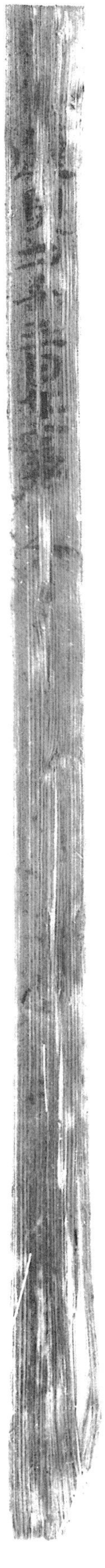

二五三六

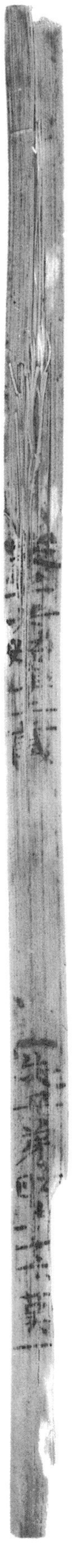

二五三七

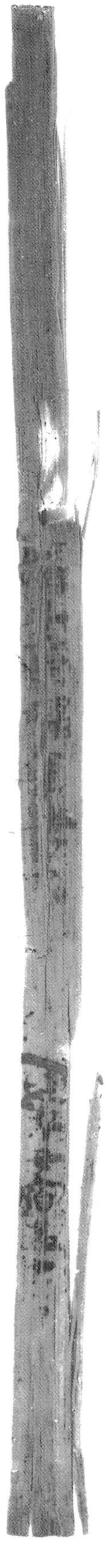

二五三八

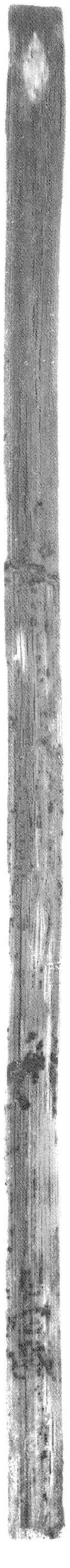

二五三九

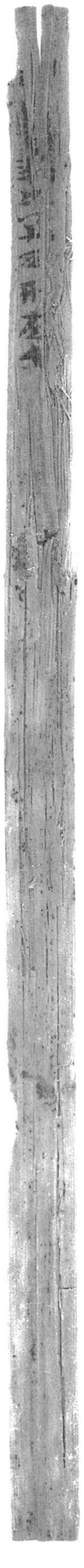

二五四〇

二五四一

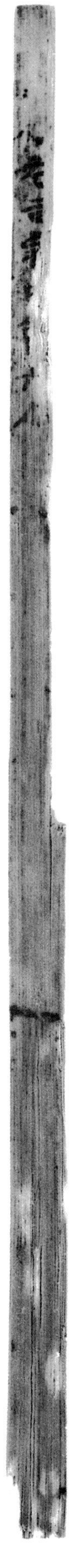

二五四二　二五四三

二五四四

二五四五

二五四六

二五四七

二五四八

二五四九

二五五〇

二五五一
二五五二
二五五三
二五五四　二五五五
二五五六
二五五七
二五五八
二五五九

二五六〇

二五六一

二五六二

二五六三

二五六四

二五六五　二五六六

二五六七　二五六八

二五六九

二五七〇　二五七一

二五七二　二五七三

二五七四　二五七五

二五七六　二五七七

二五七八　二五七九

二五八〇

二五八一

二五八二

二五八三 二五八四 二五八五 二五八六 二五八七 二五八八 二五九〇 二五八九 二五九三 二五九一 二五九二 二五九四 二五九五 二五九六 二五九七 二五九八 二五九九 二六〇〇

二六〇一

二六〇二

二六〇三

二六〇四　二六〇五　二六〇六

二六〇七　二六〇八

二六〇九　二六一〇　二六一一

二六一二　二六一四

二六一三　二六一五

二六一六　二六一七　二六一八

二六一九　二六二〇　二六二一　二六二二

二六二三　二六二四　二六二五

二六二六　二六二七　二六二八

二六二九　二六三〇　二六三一

二六三二　二六三三　二六三四

二六三五　二六三六　二六三七

二六三八　二六三九　二六四〇

二六四一　二六四二　二六四三

二六四四　二六四五　二六五八

二六四六　二六四七　二六六〇

二六四八　二六四九　二六五〇

二六五一　二六五二　二六五三

二六五四　二六五五　二六五六

二六五七　二六五九

二六六一

二六六二

二六六三

二六六四

二六六五

二六六六

二六六七

二六六八

二六六九

二六七〇　二六七一　二六七二　二六七三　二六七四　二六七五　二六七六　二六七七

二六七八
二六七九
二六八〇
二六八一
二六八二
二六八三
二六八四
二六八五

二六八六

二六八七　二六八八

二六八九　二六九〇

二六九一

二六九二

二六九三

二六九四

二六九五

二六九六

二六九七

二六九八

二六九九

二七〇〇

二七〇一

二七〇二

二七〇三
二七〇四
二七〇五
二七〇六
二七〇七
二七〇八
二七〇九
二七一〇

二七一一

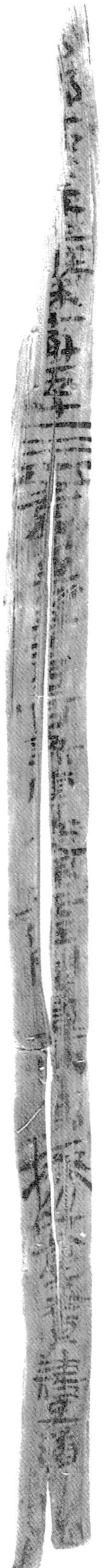

二七一二

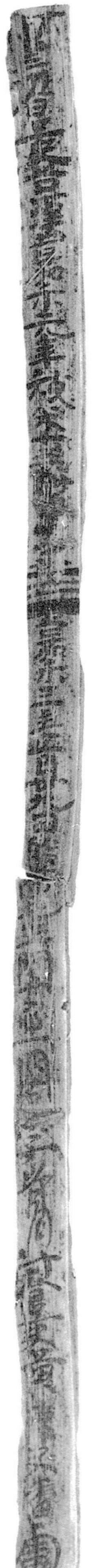

二七一三

二七一四

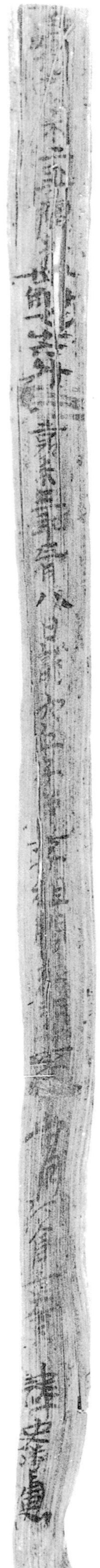

二七一五

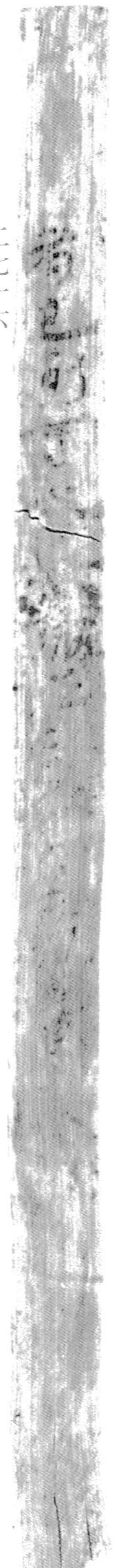

二七一六

二七一七

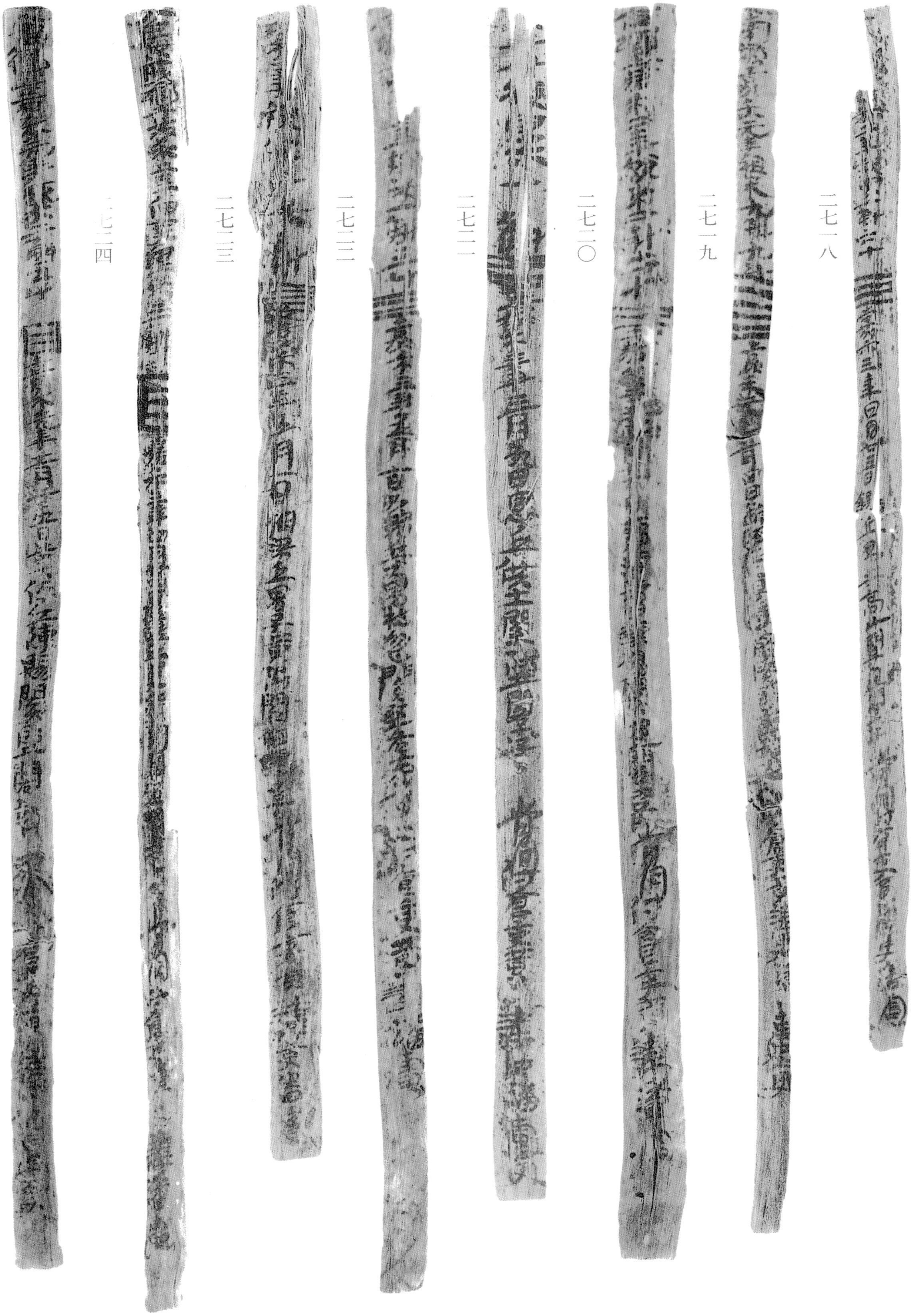

二七一八 二七一九 二七二〇 二七二一 二七二二 二七二三 二七二四 二七二五

二七二六

二七二七

二七二八

二七二九

二七三〇

二七三一

二七三二

二七三三

二七三四　二七三九

二七三五　二七四〇

二七三六　二七四一

二七三七　二七四二

二七三八　二七四三

二七四四　二七四五　二七四七

二七四六　二七四八　二七四九

二七五〇　二七五一　二七五二

二七五三　二七五四　二七五五　二七五九

二七五六　二七五七　二七五八

二七六〇　二七六一　二七六二

二七六三　二七六四　二七六五

二七六六　二七六七　二七六八

二七六九　二七七〇

二七七一　二七七二　二七七三

二七七四　二七七五

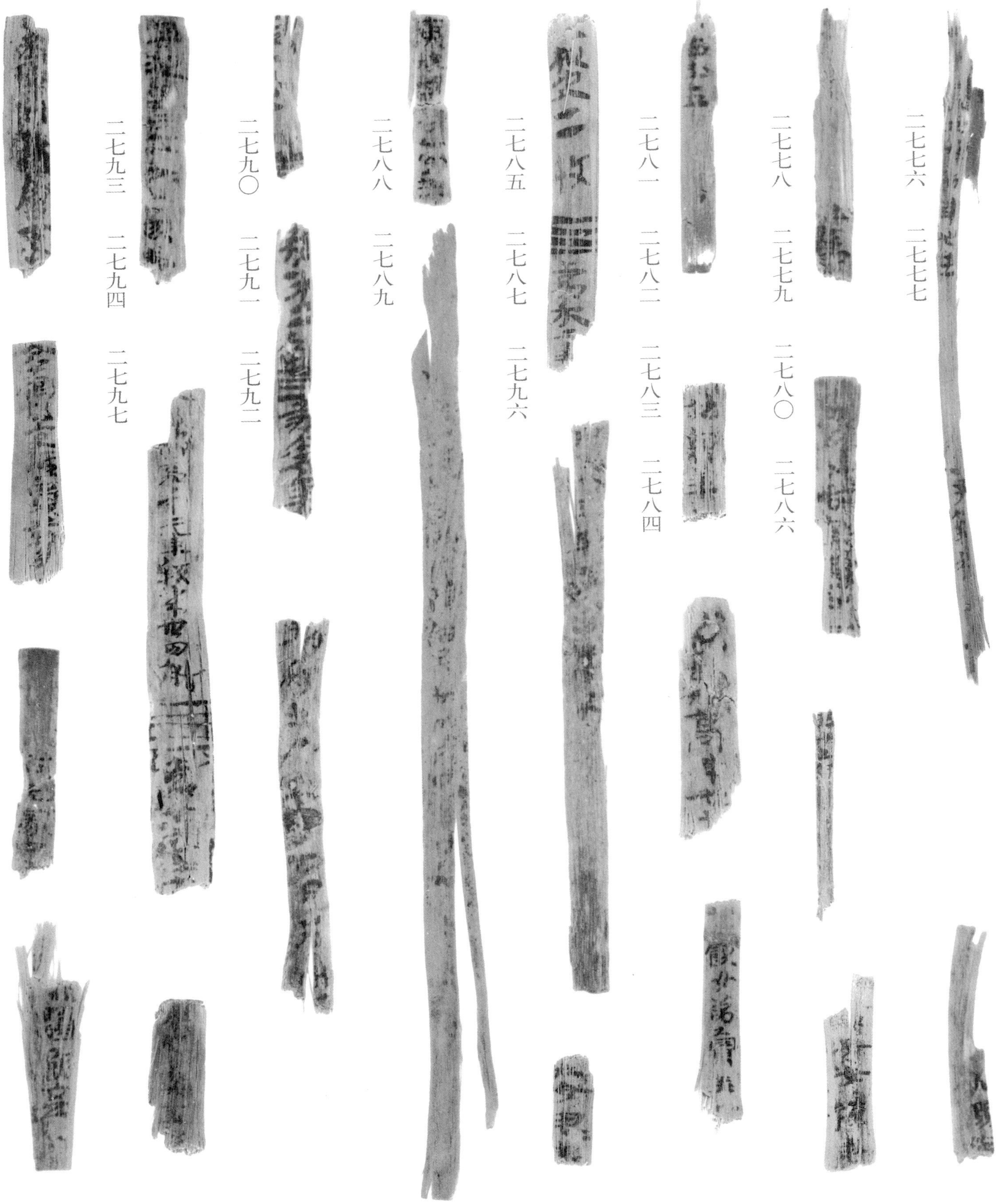

二七七六 二七七七

二七七八 二七七九 二七八〇 二七八六

二七八一 二七八二 二七八三 二七八四

二七八五 二七八七 二七九六

二七八八 二七八九

二七九〇 二七九一 二七九二

二七九三 二七九四 二七九七

二七九五 二七九八 二七九九 二八〇〇

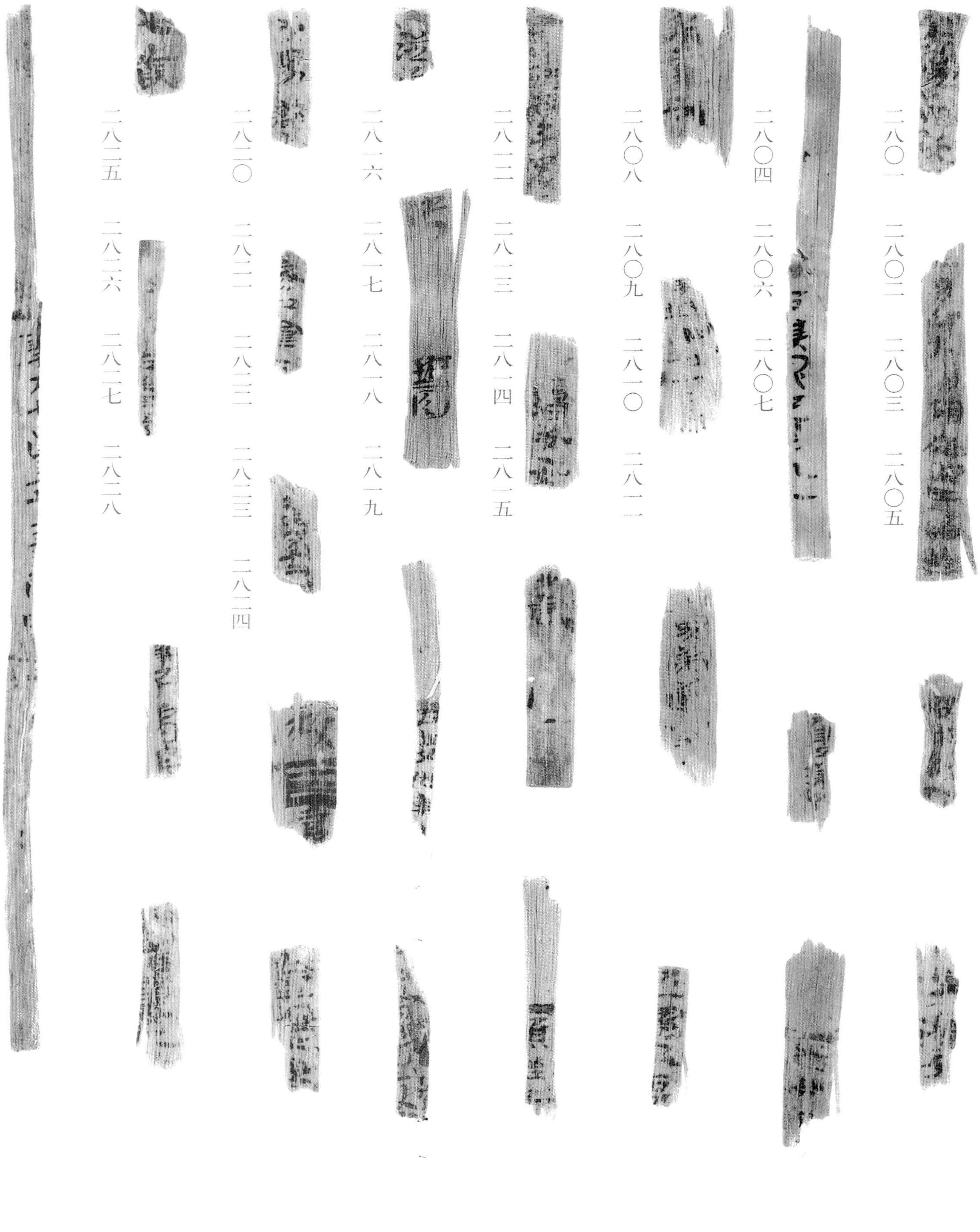

二八〇一　二八〇二　二八〇三　二八〇五

二八〇四　二八〇六　二八〇七

二八〇八　二八〇九　二八一〇　二八一一

二八一二　二八一三　二八一四　二八一五

二八一六　二八一七　二八一八　二八一九

二八二〇　二八二一　二八二二　二八二三　二八二四

二八二五　二八二六　二八二七　二八二八

二八二九

二八三〇

二八三一

二八三二

二八三三
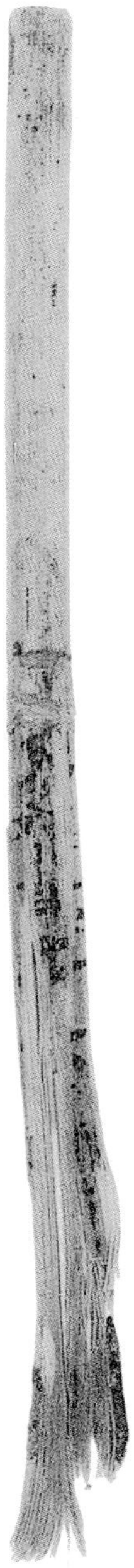
二八三四

二八三五

二八三七

二八三八

二八三六
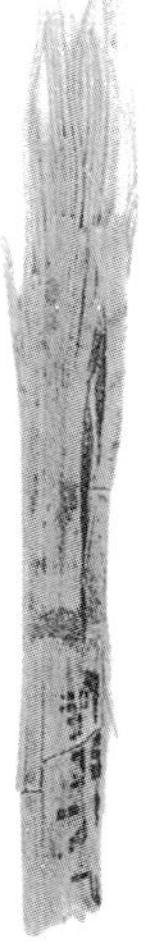
二八三九
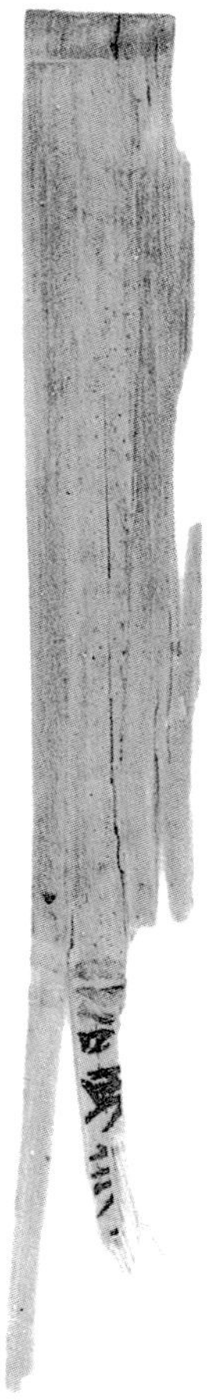
二八四〇

二八四一

二八四二
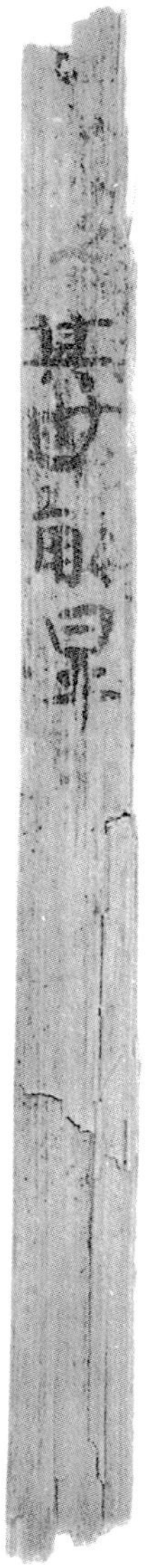
二八四三

二八四四 二八四五

二八四六 二八四七

二八四八

二八四九 二八五〇

二八五一 二八五二

二八五三 二八五四 二八五六

二八五五 二八五七 二八五九

二八五八 二八六〇

二八六一　二八六二　二八六三
二八六四　二八六五　二八六六
二八六七　二八六八　二八七〇
二八六九　二八七三
二八七一　二八七二
二八七四　二八七五　二八七八
二八七六　二八七七
二八七九　二八八〇　二八八一

二八八二 二八八三 二八八四 二八八六

二八八五 二八八七 二八八八 二八八九

二八九〇 二八九一 二八九二 二八九三 二八九四

二八九五 二八九七

二八九六

二八九八 二八九九

二九〇〇

二九〇一

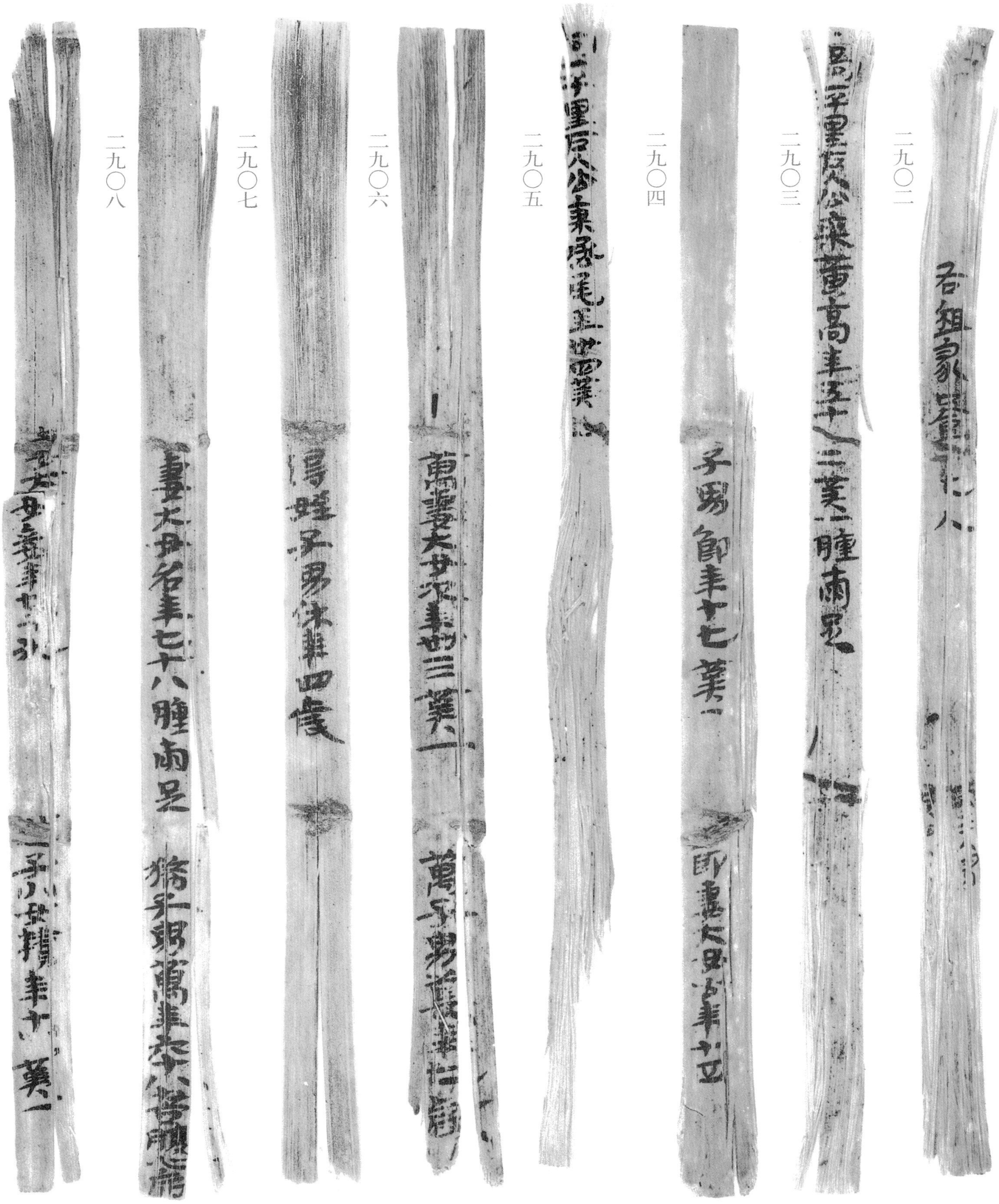

二九〇二　二九〇三　二九〇四　二九〇五　二九〇六　二九〇七　二九〇八　二九〇九

二九一〇正 二九一〇背 二九一一正 二九一一背 二九一二正 二九一二背 二九一三

二九一四

二九一五

二九一六

二九一七

二九一八

二九一九

二九二〇

二九二一

二九二二

二九二二

二九二三

二九二四

二九二五

二九二六

二九二七

二九二八

二九二九

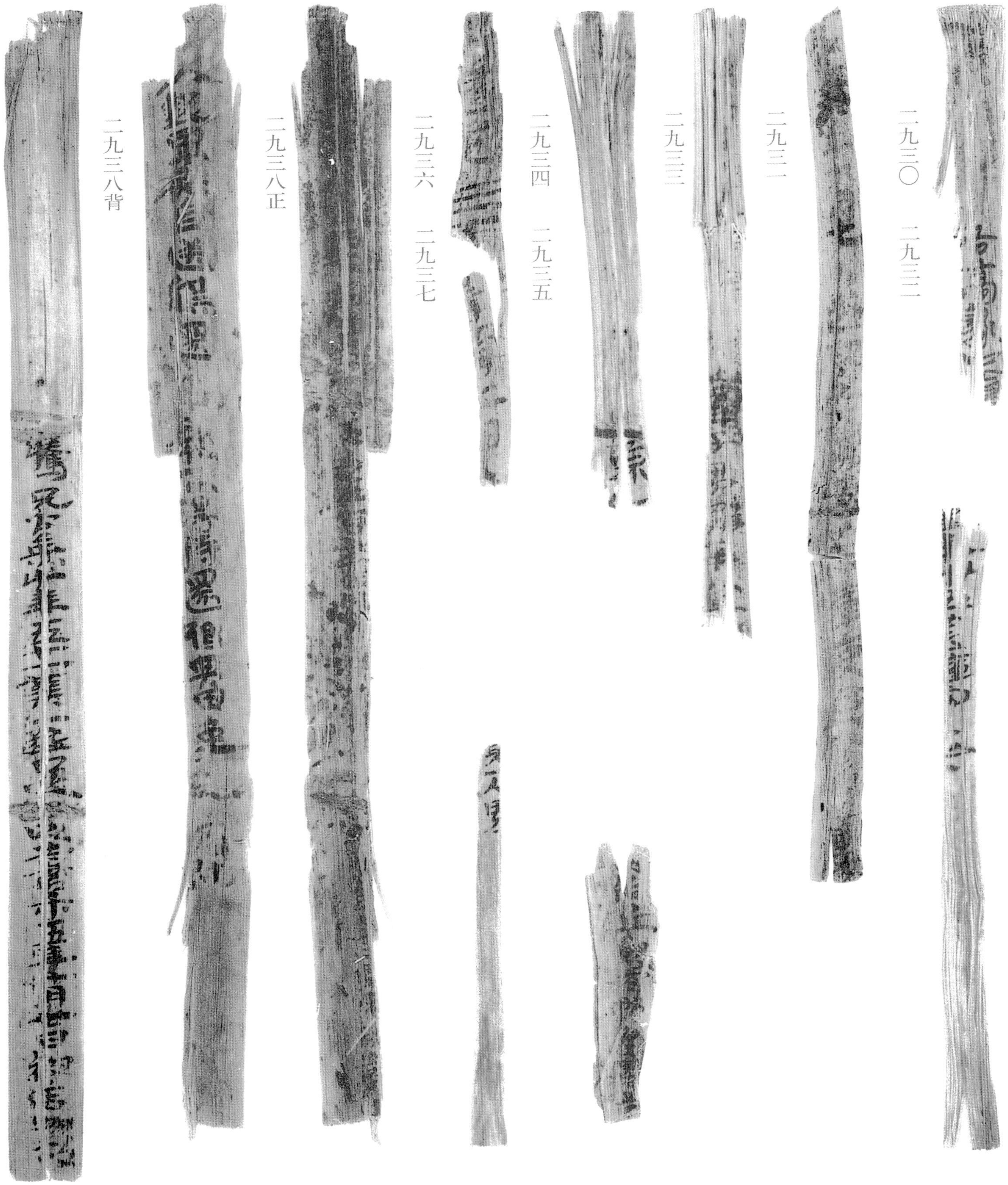

二九三〇　二九三一
二九三二
二九三三
二九三四　二九三五
二九三六　二九三七
二九三八正
二九三八背
二九三九

二九四〇

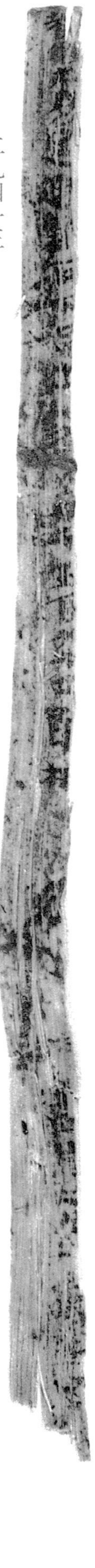

二九四一正

二九四一背

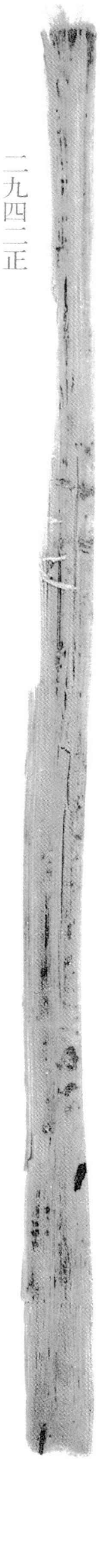

二九四二正

二九四二背

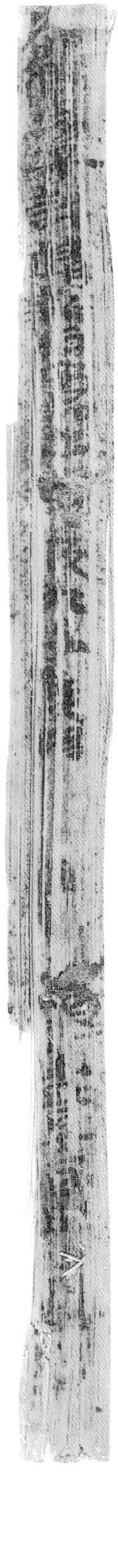

二九四三正

二九四三背

二九四四

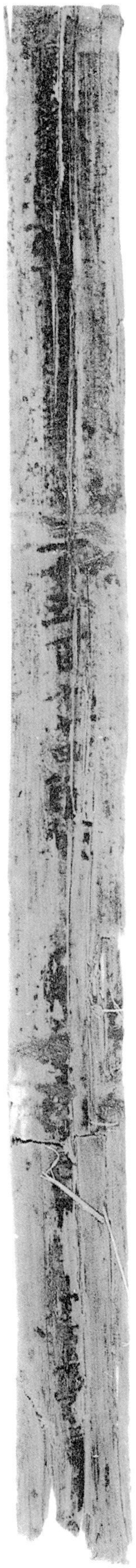
二九四五正

二九四五背

二九四六

二九四七

二九四八

二九四九

二九五〇

二九五一

二九五二

二九五三　二九五七

二九五四　二九五八

二九五五　二九五九

二九五六　二九六〇

二九六一

二九六二

二九六三

二九六四

二九六五　二九七二

二九六六　二九七四

二九六七　二九七一

二九六八

二九六九

二九七〇

二九七三　二九七五　二九七六

二九七七
二九七八正
二九七八背
二九七九
二九八〇
二九八一
二九八二
二九八三

二九八四　二九八六

二九八五　二九八七

二九八八　二九八九

二九九〇　二九九一　二九九二

二九九三　二九九四

二九九五　二九九六

二九九七　二九九八　二九九九

三〇〇〇　三〇〇一　三〇〇二

三〇〇三　三〇〇四　三〇〇五
三〇〇六　三〇〇七　三〇〇八
三〇〇九　三〇一〇　三〇一一
三〇一二　三〇一三　三〇一四
三〇一五　三〇一六　三〇一七
三〇一八　三〇一九　三〇二〇
三〇二一　三〇二二　三〇二三
三〇二四

三〇二五
三〇二六　三〇二七
三〇二八　三〇二九　三〇三〇
三〇三一
三〇三二
三〇三三
三〇三四
三〇三五

三〇三六

三〇三七

三〇三八

三〇三九

三〇四〇

三〇四一

三〇四二

三〇四三

三〇四四 三〇四五 三〇四六 三〇四七 三〇四八 三〇四九 三〇五〇 三〇五一

三〇五二

三〇五三

三〇五四

三〇五五

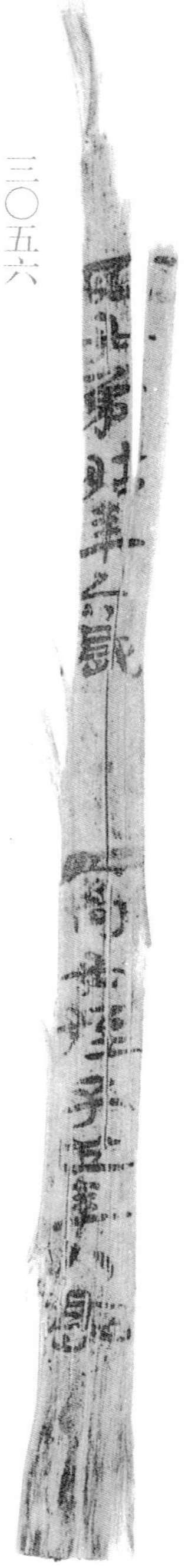
三〇五六

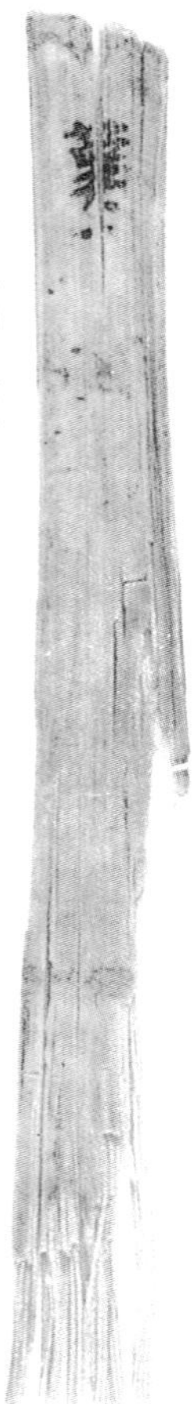
三〇五七

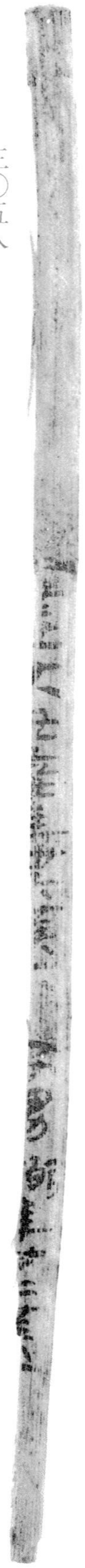
三〇五八

三〇五九

三〇六〇

三〇六一

三〇六二

三〇六三

三〇六四

三〇六五

三〇六六

三〇六七

三〇六八

三〇六九

三〇七〇

三〇七一　三〇七二

三〇七三　三〇七五

三〇七四

三〇七六

三〇七七

三〇七八

三〇七九

三〇八〇

三〇八一

三〇八二

三〇八三

三〇八四

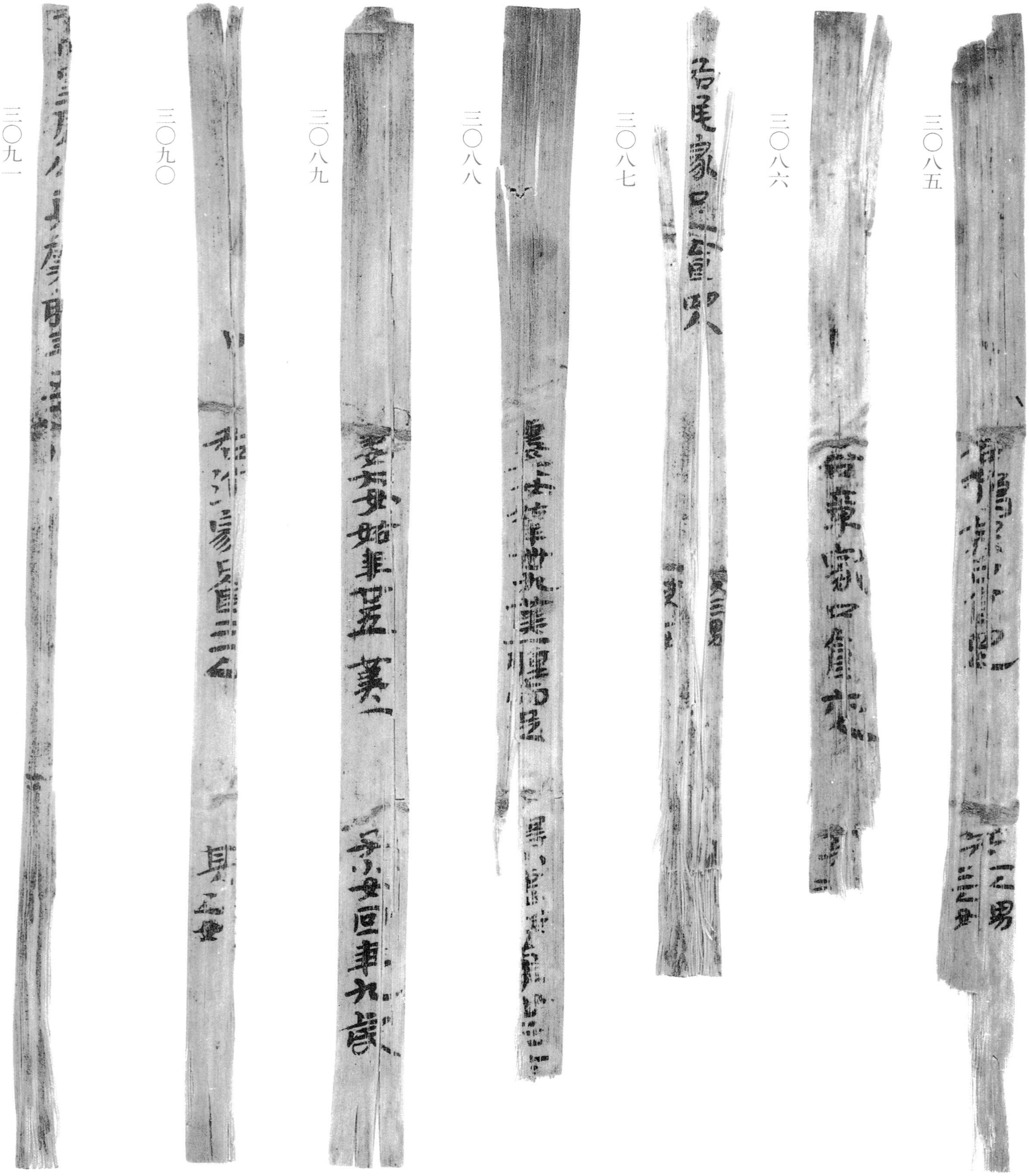

三〇八五

三〇八六

三〇八七

三〇八八

三〇八九

三〇九〇

三〇九一

三〇九二

三〇九三

三〇九四

三〇九五

三〇九七

三〇九八

三〇九六

三〇九九

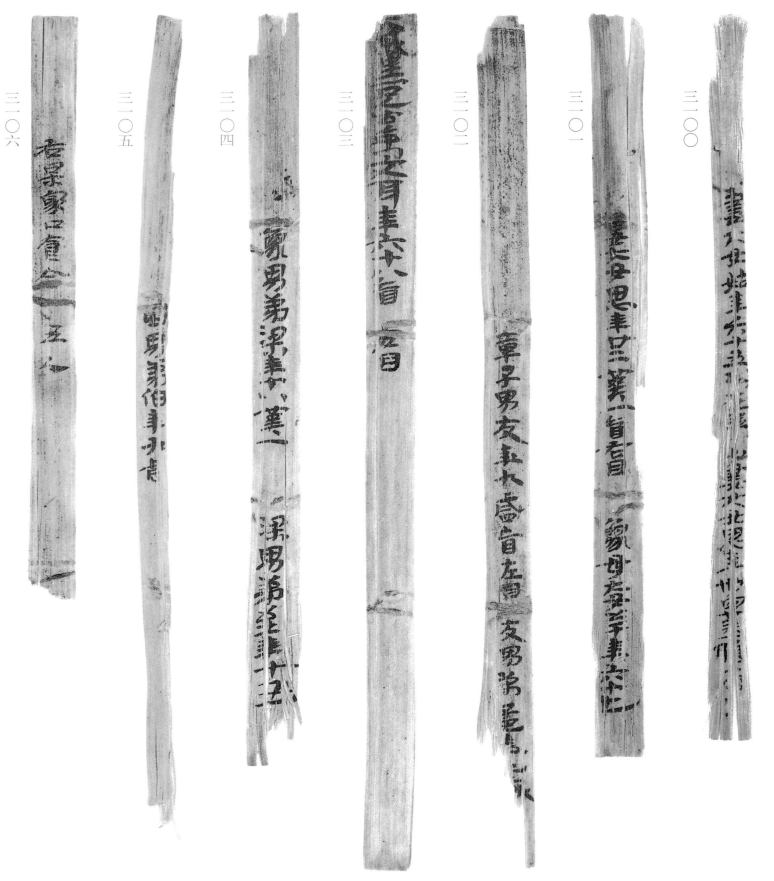

三二〇〇

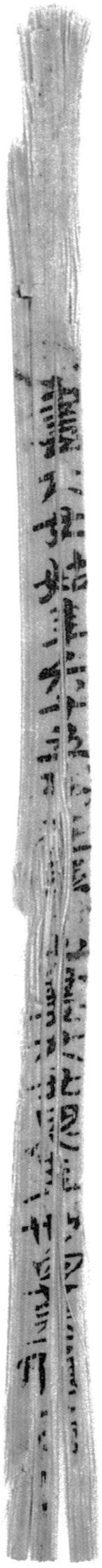

三二〇一

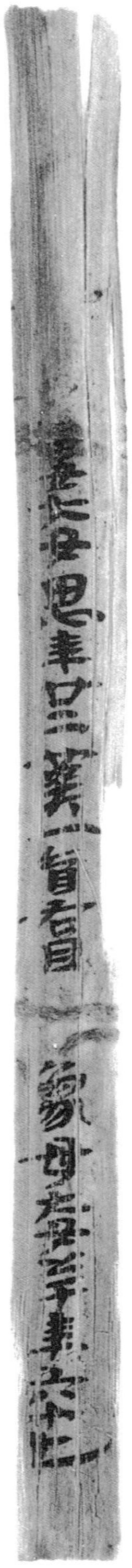

三二〇二

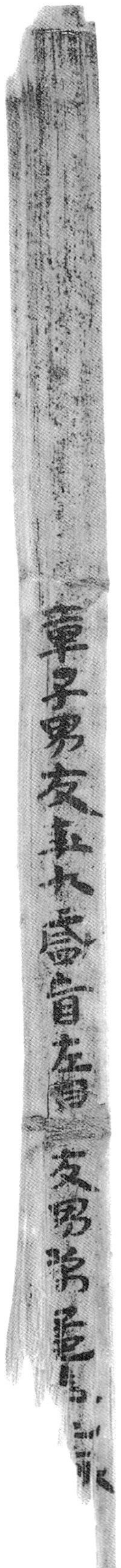

三二〇三

三二〇四

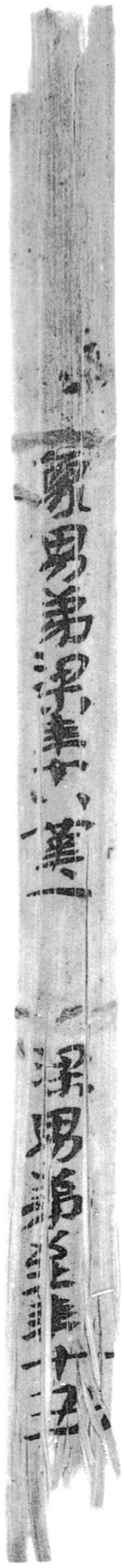

三二〇五

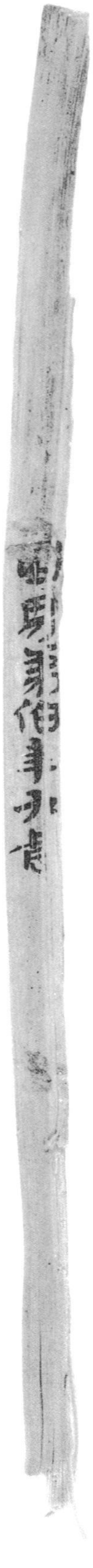

三二〇六

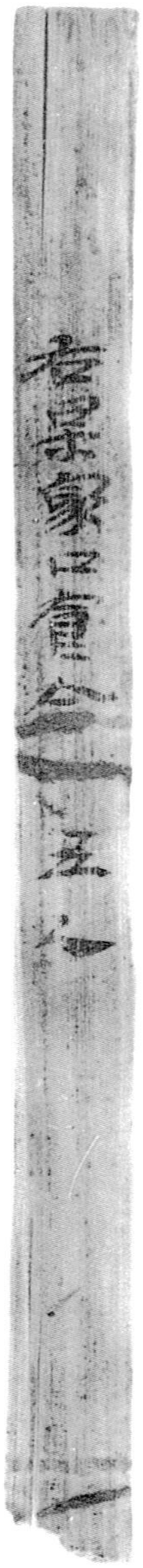

三二〇七
三二〇八
三二〇九
三二一〇
三二一一
三二一二
三二一三
三二一四

三二一五

三二一六

三二一七

三二一八

三二一九

三二二〇

三二二一

三二二二

三一二三　三一二四

三一二五　三一二六

三一二七　三一二九

三一二八　三一三〇

三一三一

三一三二　三一三三　三一三四

三一三五　三一三六　三一三七

三一三八　三一三九　三一四〇

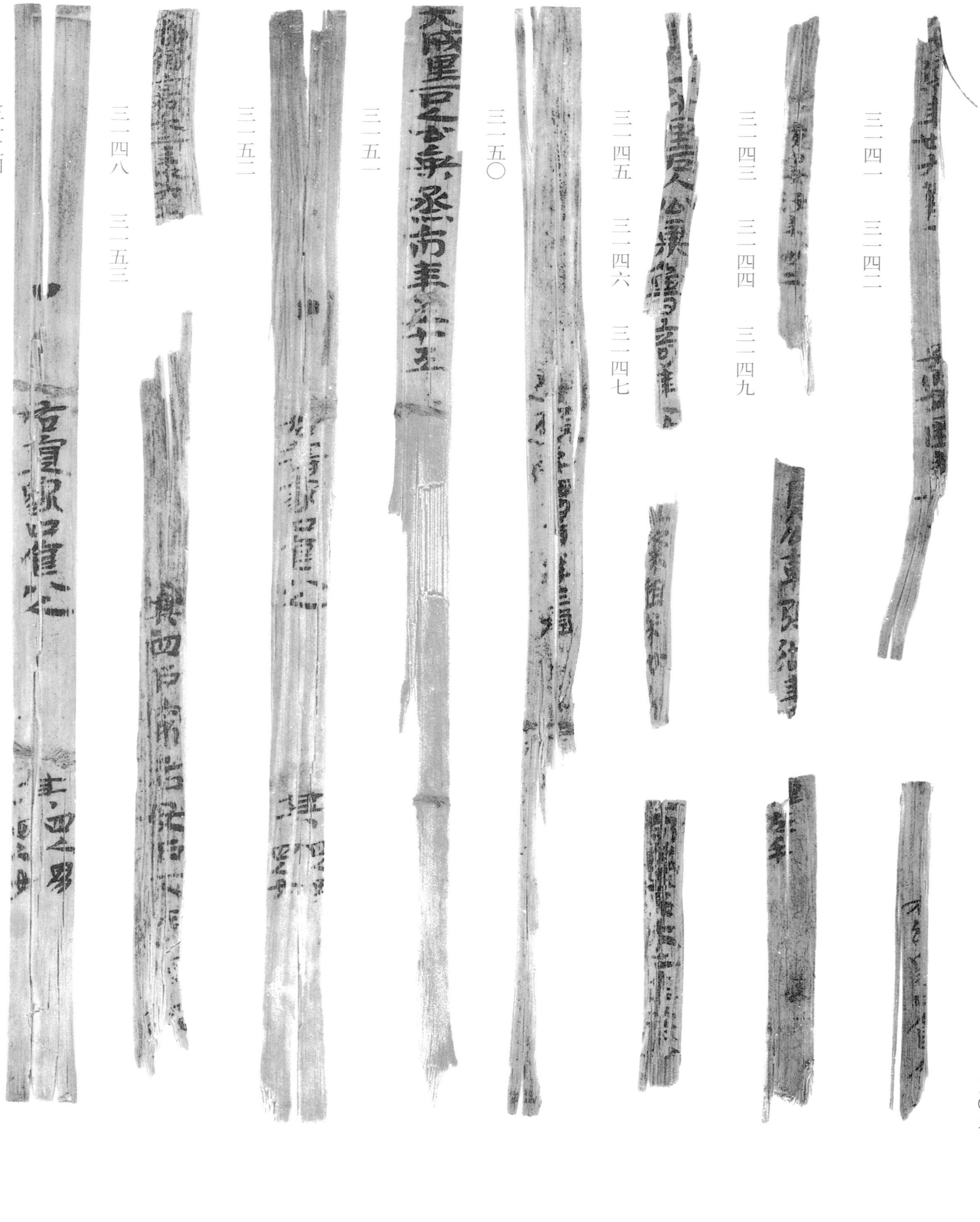

三一四一　三一四二

三一四三　三一四四　三一四九

三一四五　三一四六　三一四七

三一五〇

三一五一

三一五二

三一四八　三一五三

三一五四

三一五五 三一五六 三一五七 三一五八 三一五九 三一六〇 三一六一 三一六二

三一六三

三一六四

三一六五

三一六六

三一六七

三一六八

三一六九

三一七〇

三一七一

三一七二

三一七三

三一七四

三一七五

三一七六

三一七七

三一七八　三一八二

三一七九　三一八五

三一八〇　三一八三

三一八一　三一八四

三一八六　三一八九

三一八七　三一八八

三一九〇

三一九一

三一九二

三一九三　三一九四

三一九五　三一九六

三一九七　三一九八

三一九九　三二〇〇

三二〇一　三二〇二　三二〇三

三二〇四　三二〇五

三二〇六　三二〇七　三二〇八

三二〇九　三二一〇

三二一一　三二一二

三二一三　三二一四　三二一五

三二一六　三二一七

三二一八　三二一九

三二二〇　三二二一

三二二二　三二二三　三二二四

三二二五　三二二六

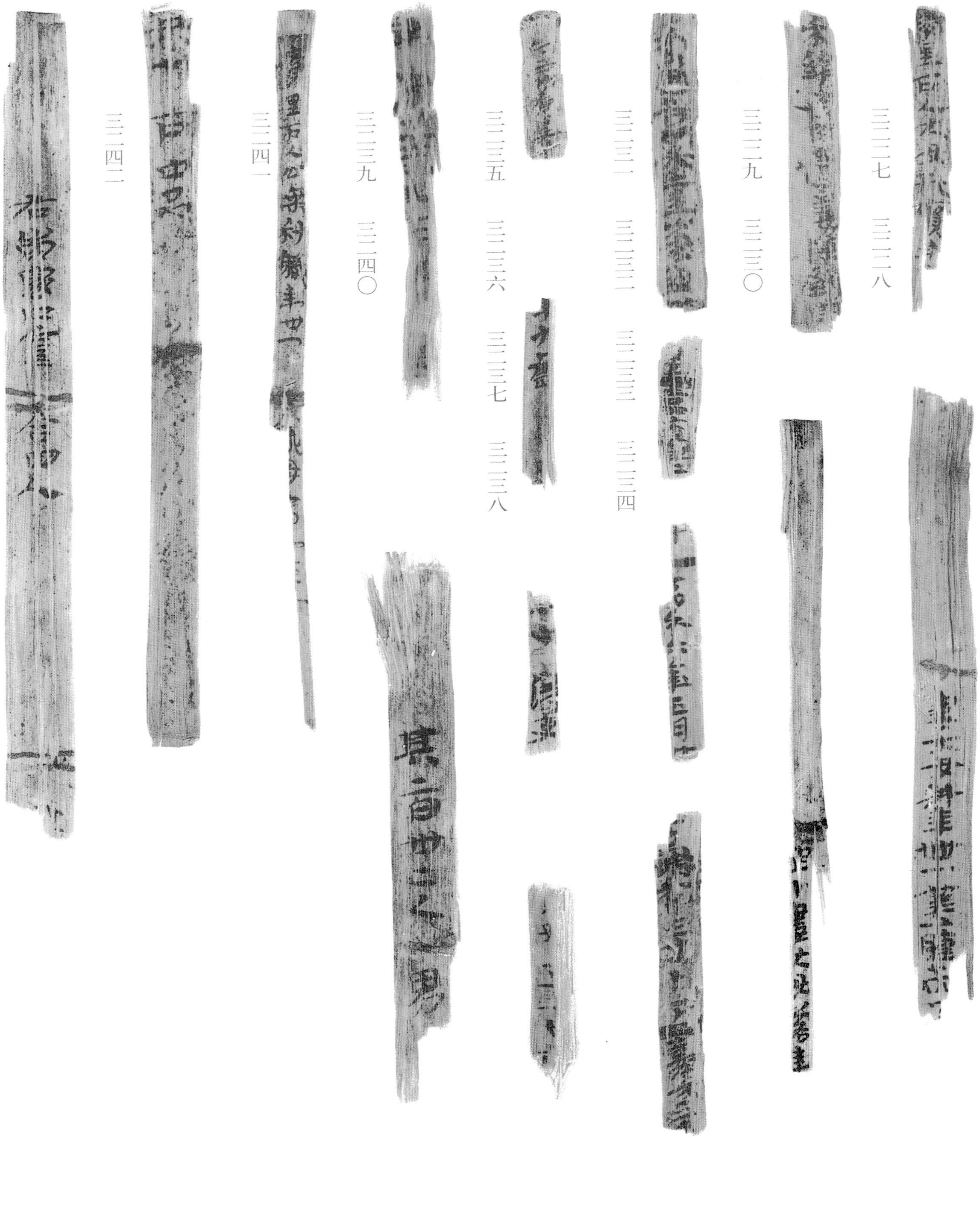

三二二七　三二二八

三二二九　三二三〇

三二三一　三二三二　三二三三　三二三四

三二三五　三二三六　三二三七　三二三八

三二三九　三二四〇

三二四一

三二四二

三二四三

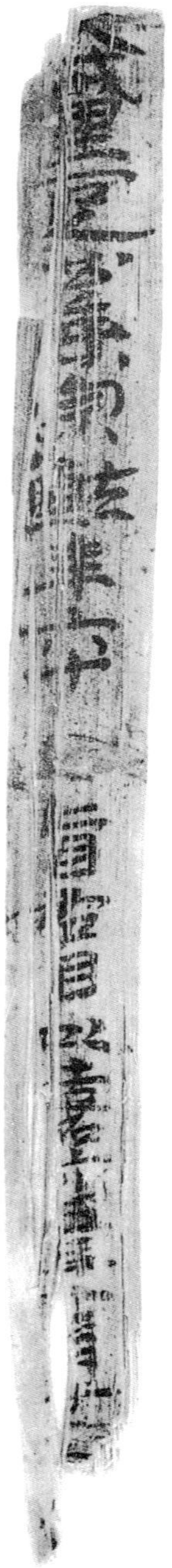
三二四四

三二四五

三二四六

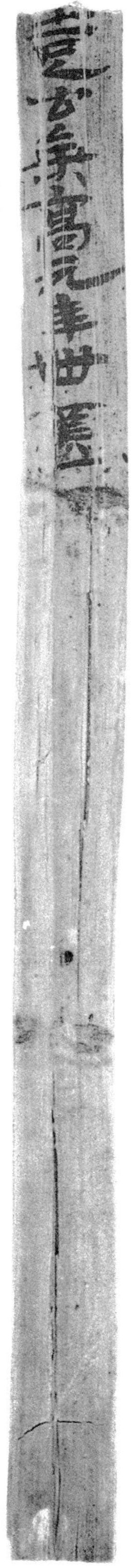
三二四七

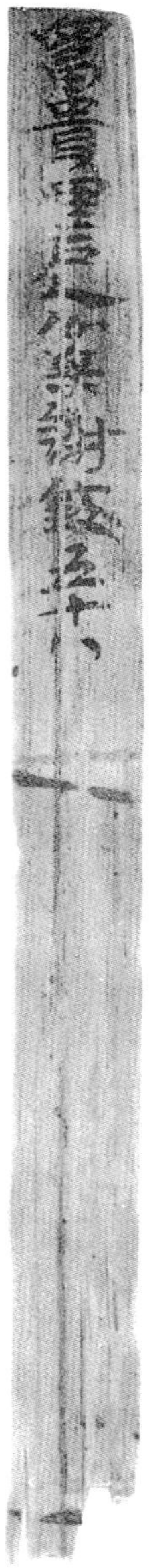
三二四八

三二四九

三二五〇

三二五一　三二五九

三二五二　三二六〇

三二五三

三二五四　三二六一

三二五五

三二五六　三二六二

三二五七　三二六三

三二五八　三二六四

三二六五　三二六六

三二六七　三二六八　三二六九　三二七〇

三二七一　三二七七

三二七三　三二七四

三二七五　三二七九

三二七六

三二七八　三二七二

三二八〇

三二八一

三二八二

三二八三

三二八四

三二八五

三二八六

三二八七

三二八八

三二八九 三二九〇 三二九一 三二九二 三二九三 三二九四 三二九五 三二九六

三二九七

三二九八

三二九九正

三二九九背

三三〇〇

三三〇一

三三〇二

三三〇三

三三〇四

三三〇五

三三〇六正

三三〇六背

三三〇七

三三〇八

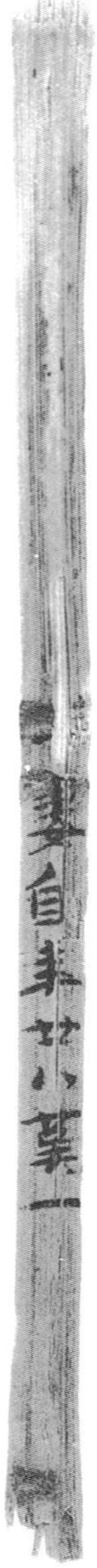

三三〇九

三三一〇

三三一一

三三一二

三三一三

三三一四

三三一五

三三一六

三三一七

三三一八

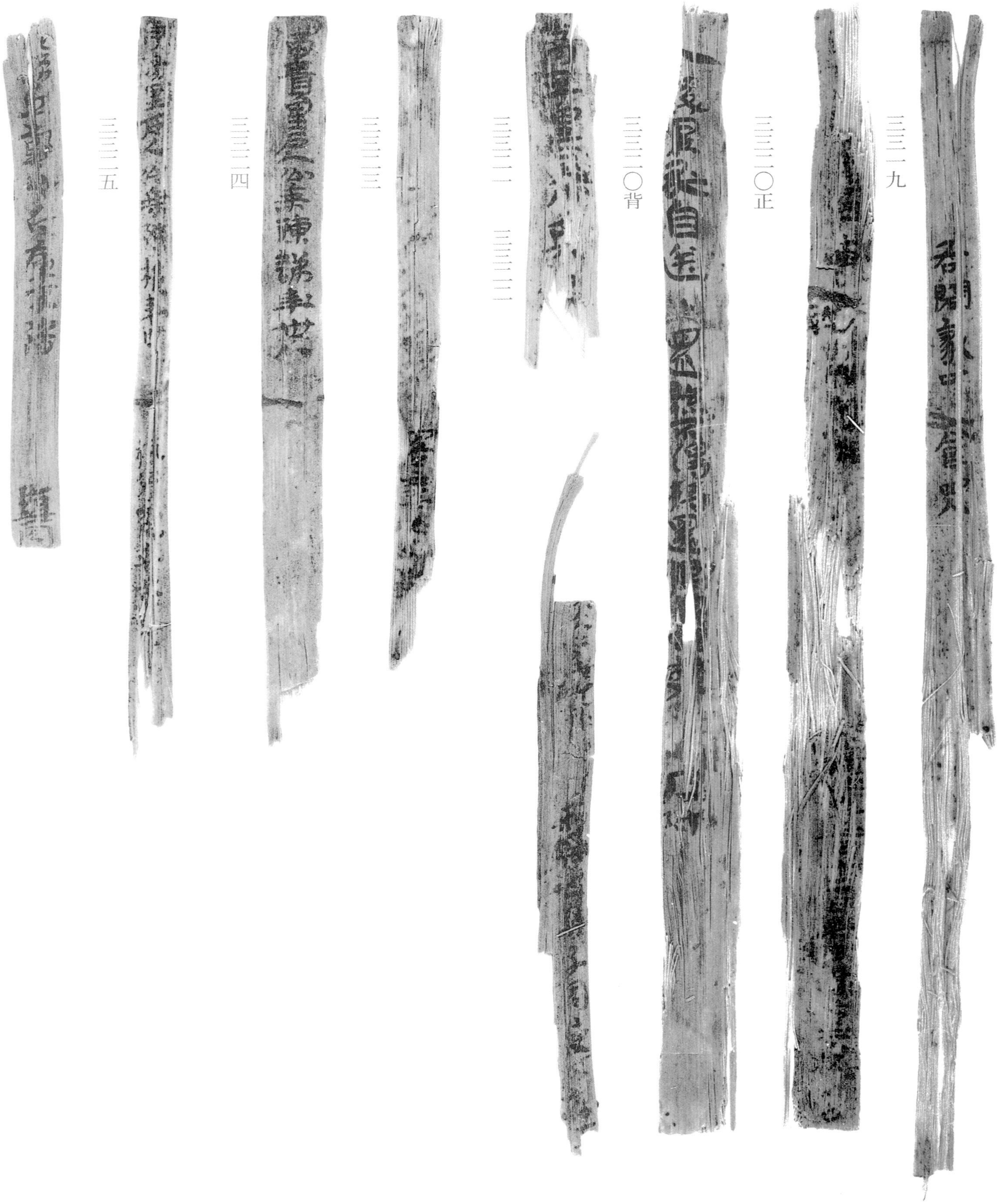

三三一九

三三二〇正

三三二〇背

三三二一

三三二二

三三二三

三三二四

三三二五

三三二六

三三二七　三三二八

三三二九　三三三〇

三三三一　三三三二

三三三三正　三三三三背

三三三四　三三三五　三三三六

三三三七　三三三八　三三三九　三三四〇

三三四一　三三四二　三三四三　三三四四

三三四五　三三四六　三三四七

三三四八 三三四九
三三五〇 三三五一
三三五二 三三五四 三三五五 三三六〇
三三五三正 三三五六 三三五七
三三五三背 三三五八 三三五九 三三六一
三三六二 三三六三 三三六四 三三六五
三三六六 三三六七 三三六八
三三六九 三三七〇 三三七一 三三七二

三三七三　三三七四　三三七五

三三七六　三三七七　三三七八

三三七九　三三八〇

三三八一　三三八二

三三八三　三三八四　三三八五

三三八六　三三八七　三三八八

三三八九　三三九〇　三三九一

三三九二　三三九三　三三九四

三三九五　三三九六　三三九七
三三九八　三四〇〇　三四〇二
三三九九　三四〇一
三四〇三　三四〇四　三四〇五
三四〇七正　三四〇六　三四〇八
三四〇七背　三四〇九　三四一〇　三四一一
三四一二　三四一三　三四一四　三四一五
三四一六　三四一七　三四一八　三四一九

三四二〇　三四二一　三四二二　三四二三
三四二四　三四二五　三四二六
三四二七　三四二八　三四二九
三四三〇　三四三一　三四三二
三四三三　三四三四　三四三五
三四三六　三四三七　三四三八　三四三九　三四四〇
三四四一　三四四二　三四四三　三四四四
三四四五　三四四六

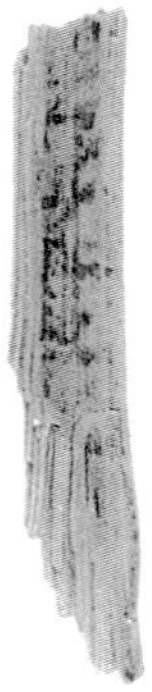
三四四七

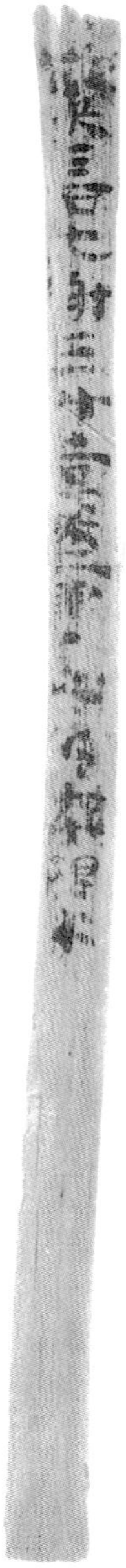
三四四八

三四四九

三四五〇

三四五一

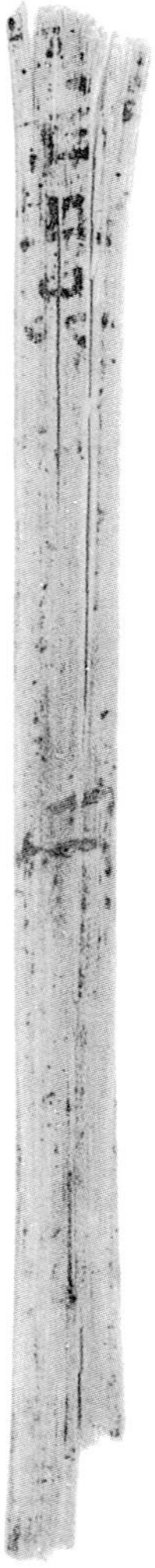
三四五二

三四五三

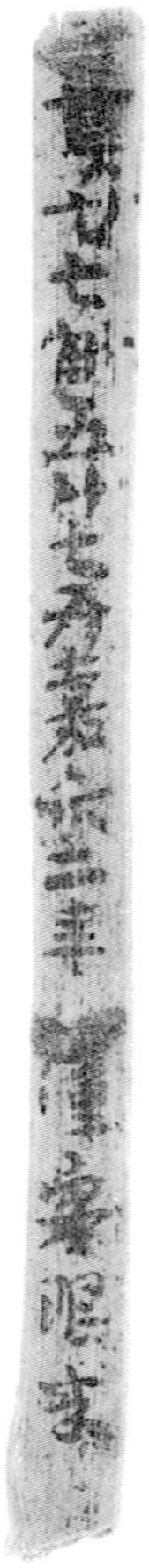
三四五四

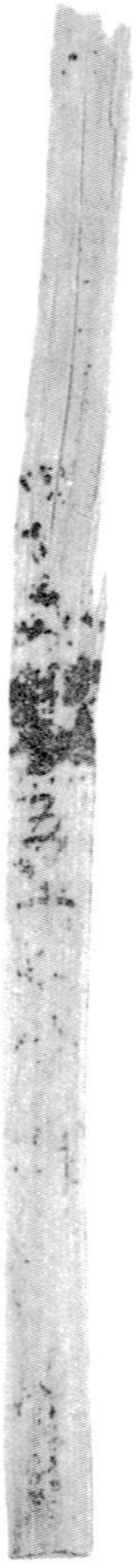
三四五五

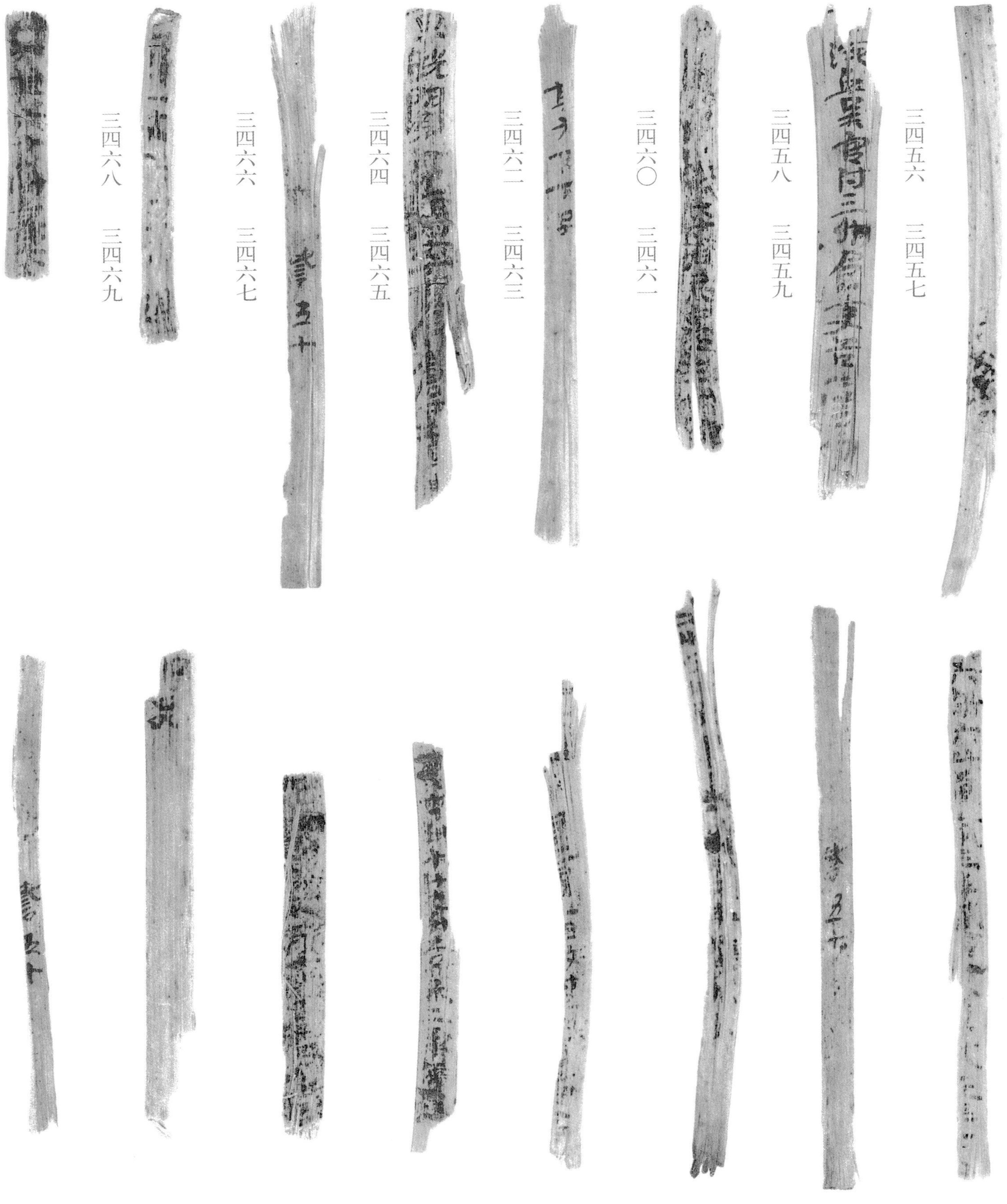

三四五六　三四五七

三四五八　三四五九

三四六〇　三四六一

三四六二　三四六三

三四六四　三四六五

三四六六　三四六七

三四六八　三四六九

三四七〇　三四七一

三四七二　三四七三

三四七四　三四七六

三四七五　三四七七

三四七八　三四七九

三四八〇　三四八一

三四八二

三四八三

三四八四

三四八五

三四八六

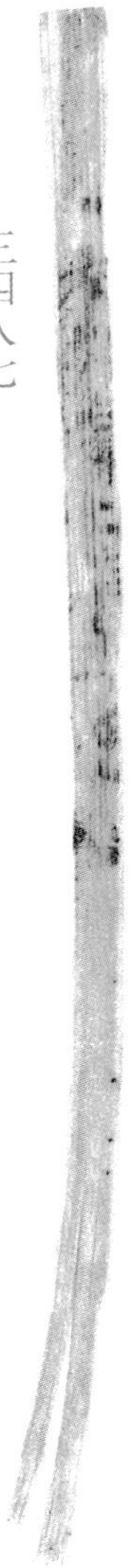
三四八七

三四八八

三四八九

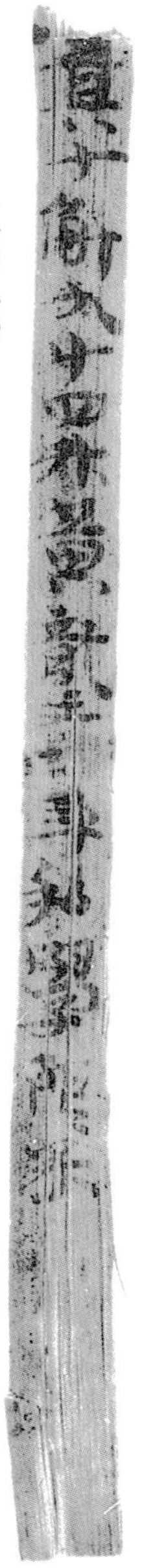
三四九〇

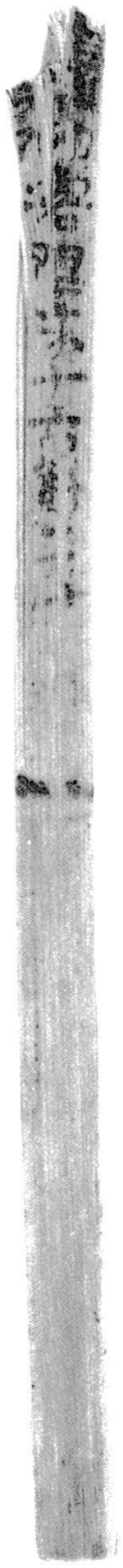
三四九一

三四九二

三四九三正

三四九三背

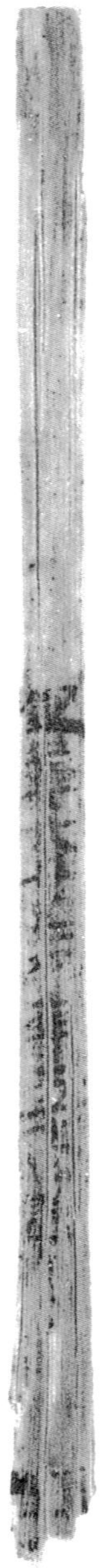

三四九四

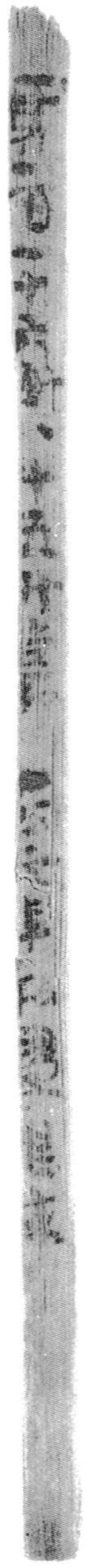

三四九五

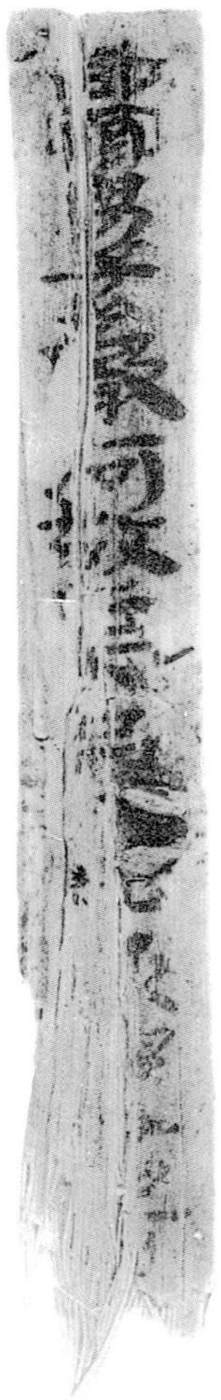

三四九六正

三四九六背

三四九七正

三四九七背

三四九八 三四九九 三五〇〇 三五〇一 三五〇二 三五〇三 三五〇四 三五〇五

三五〇六 三五〇七 三五〇八 三五〇九 三五一〇 三五一一 三五一二 三五一三 三五一四 三五一五 三五一六

三五一七　三五一八

三五一九　三五二〇

三五二一　三五二二

三五二三　三五二四

三五二五　三五二七

三五二六

三五二八正

三五二八背　三五二九

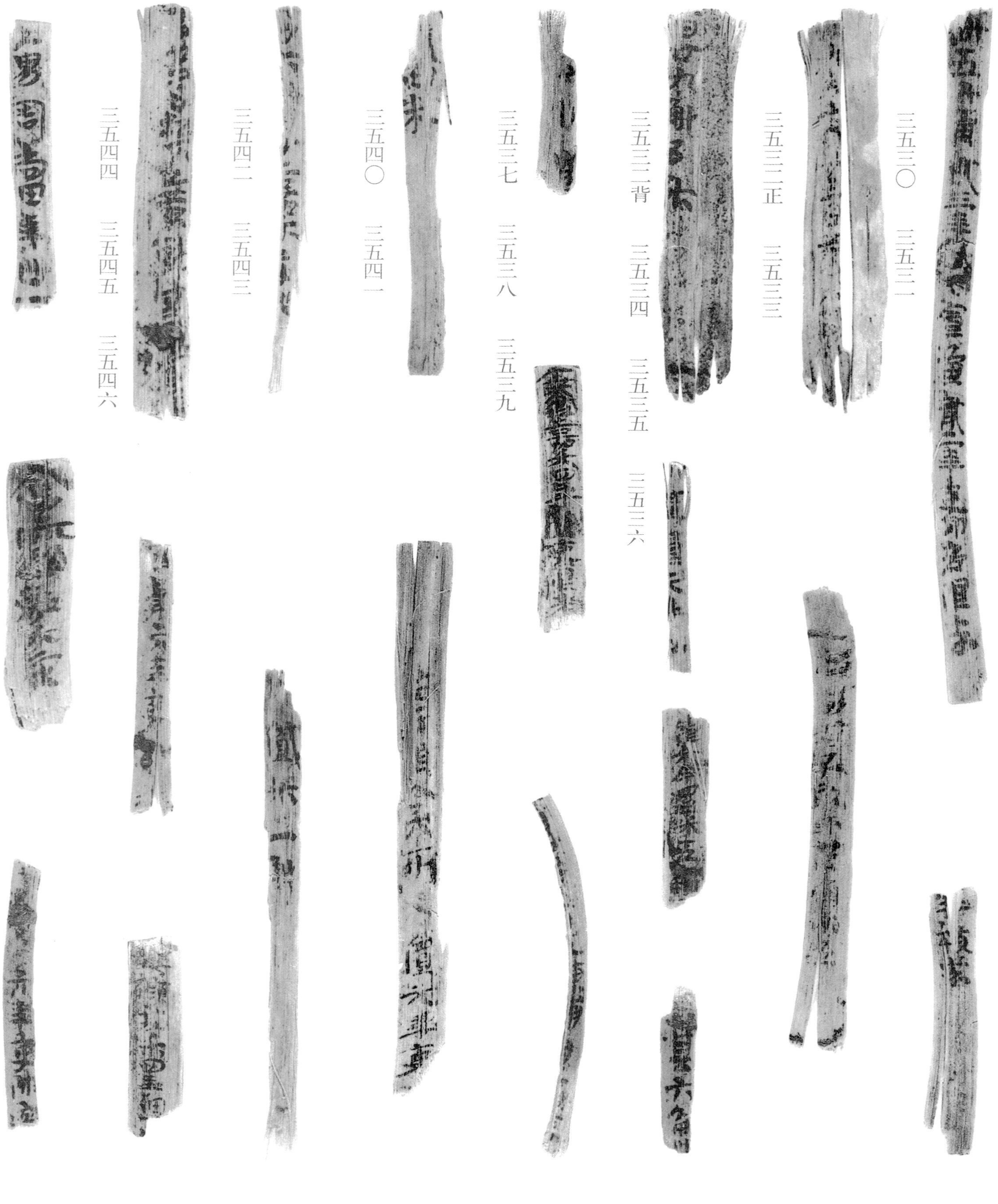

三五三〇　三五三一

三五三二正　三五三三

三五三二背　三五三四　三五三五　三五三六

三五三七　三五三八　三五三九

三五四〇　三五四一

三五四二　三五四三

三五四四　三五四五　三五四六

三五四七　三五四八　三五四九

三五五〇　三五五一　三五五二
三五五三　三五五四　三五五五
三五五六　三五五七　三五五八　三五六三
三五五九　三五六〇　三五六四
三五六一　三五六二　三五六五
三五六六　三五六七
三五六八　三五六九　三五七〇
三五七一

三五七二　三五七三　三五七七
三五七四　三五七五　三五七八
三五七六　三五八〇
三五八一
三五七九　三五八二
三五八三
三五八四
三五八五

三五八六　三五九五

三五八八正　三五八七

三五八八背　三五九〇

三五八九

三五九一正　三五九二

三五九一背　三五九四

三五九三　三五九六

三五九七　三五九八

三五九九　三六〇一
三六〇〇　三六〇三
三六〇二　三六〇五
三六〇四　三六〇六
三六〇七　三六〇九
三六〇八　三六一〇　三六一一
三六一二　三六一三
三六一四　三六一五　三六一六

三六一七　三六一九　三六二〇

三六一八正　三六二一　三六二二

三六一八背　三六二三　三六二四

三六二五　三六二六　三六二七　三六二八

三六二九　三六三一　三六三二

三六三〇正　三六三三　三六三四　三六三七

三六三〇背　三六三五　三六三六

三六三八　三六三九　三六四〇　三六四一

三六四二　三六四三　三六四四　三六四五
三六四六　三六四七　三六四八　三六四九　三六五〇
三六五一　三六五二　三六五三　三六五四
三六五五　三六五六　三六五七
三六五八　三六五九　三六六〇　三六六一
三六六二　三六六三　三六六四
三六六五　三六六六　三六六七　三六六八
三六六九　三六七〇　三六七一　三六七二　三六七三

三六七四 三六七五 三六七六 三六七七
三六七八 三六七九 三六八〇 三六八一
三六八二 三六八三 三六八四 三六八五
三六八六 三六八七 三六八八
三六八九 三六九〇 三六九一 三六九六
三六九二 三六九三 三六九四 三六九七
三六九五 三六九八 三六九九 三七〇〇
三七〇一 三七〇二 三七〇三

三七〇四　三七〇五

三七〇六　三七〇七　三七〇九

三七〇八　三七一〇　三七一一

三七一二　三七一三　三七一四

三七一五　三七一六　三七一七　三七一八

三七一九　三七二〇　三七二一　三七二二

三七二三　三七二四　三七二五　三七二七

三七二六　三七二八　三七二九　三七三〇

三七三一 三七三二 三七三三 三七三四

三七三五 三七三六 三七三七 三七三九

三七三八 三七四〇 三七四一 三七四二

三七四三 三七四四 三七四五 三七四六

三七四七 三七四八 三七四九 三七五〇 三七五一

三七五二 三七五三 三七五四 三七五五 三七五六

三七五七 三七五八 三七五九 三七六〇

三七六一 三七六二 三七六三 三七六四 三七六五

三七六六　三七六七　三七六八　三七七〇

三七六九　三七七一　三七七七

三七七二　三七七三　三七七四　三七七六

三七七五正　三七七八　三七七九　三七八〇

三七七五背　三七八一　三七八二

三七八三　三七八四　三七八五

三七八六　三七八七　三七八八

三七八九

三七九〇　三七九一　三七九二

三七九三　三七九四　三七九五　三七九六　三七九七

三七九八　三七九九　三八〇〇　三八〇一　三八〇二

三八〇三　三八〇四　三八〇五　三八〇六

三八〇七　三八〇八　三八〇九　三八一〇

三八一一　三八一二　三八一三

三八一四　三八一五

三八一六

三八一七

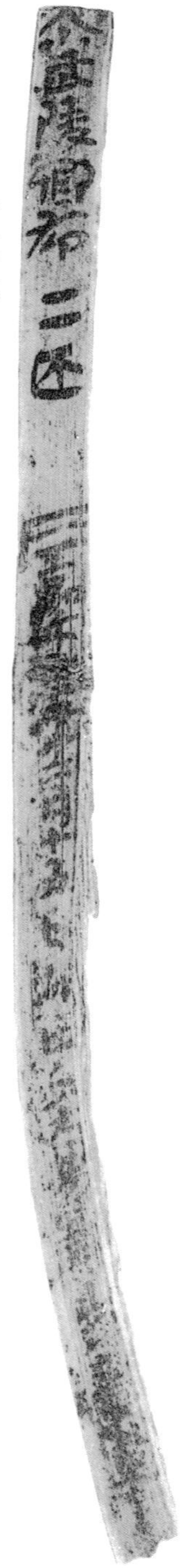

三八一八

三八一九

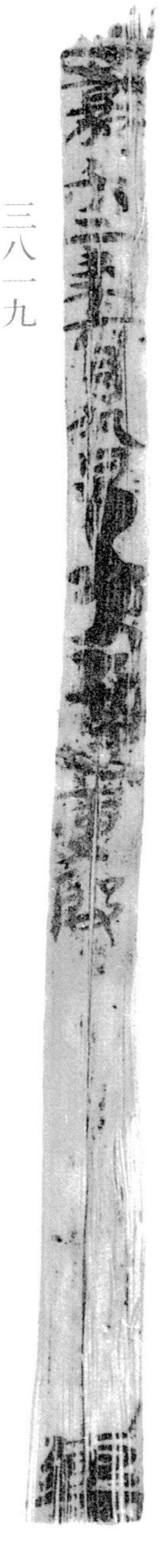

三八二〇

三八二一

三八二二

三八二三

三八二四

三八二五

三八二六

三八二七

三八二八

三八二九

三八三〇

三八三一

三八三二

三八三三

三八三四

三八三五

三八三六

三八三七

三八三八

三八三九

三八四〇

三八四一

三八四二

三八四三

三八四四

三八四五

三八四六

三八四七

三八四八

三八四九

三八五〇

三八五一

三八五二

三八五四

三八五三

三八五六

三八五五

三八五七

三八五八

三八五九

三八六〇

三八六一

三八六二

三八六三

三八六四

三八六五

三八六六

三八六七

三八六八

三八六九

三八七〇

三八七一

三八七二

三八七三

三八七四

三八七五